Wenn die Lilien blühen

Sabine Susanne Maier

Wenn
die Lilien
blühen

Wie eine Seele heilt

von

Sabine Susanne Maier

Impressum

„Wenn die Lilien blühen"
von Sabine Susanne Maier

Mit Gedichten, Bildern und Grafiken unterschiedlicher Künstler,
siehe Verzeichnis auf Seite 126
Umschlaggestaltung: Michael Zimmermann
nach einer Grafik von Hannah K. Mansfield (patchydafluff@gmail.com)
Lektorat und Korrektur: Gabriele Pässler, M. Zimmermann, D. Schmidtke
Satz: edition47

1. Auflage Dezember 2023
© 2023 edition47
ISBN 978-3-944443-18-8

Alle Bibelverse sind der Übersetzung nach Schlachter, Ausgabe 2000
mit freundlicher Genehmigung der Genfer Bibelgesellschaft entnommen.

Zu beziehen über

edition47
Publikationen und Medien der Vineyard Speyer
Zum Schlangenwühl 30 • D-67346 Speyer
www.edition47.de • info@edition47.de

edition47

Inhalt

Vorwort

Ich weiß: Weil Jesus sich für uns opferte und alle Schuld dieser Welt auf sich nahm und vergibt, ist er auch fähig, all unsere Gebrechen zu heilen:

> *Der dir alle deine Sünden vergibt*
> *und heilt alle deine Gebrechen;*
> *der dein Leben vom Verderben erlöst,*
> *der dich krönt mit Gnade und Barmherzigkeit.*
> *Psalm 103, 3-4*

Dass ich aber miterleben darf, wie dies im Leben von Sabine Schritt für Schritt Realität wurde, ist für mich eine besondere Freude und Ermutigung. Ihre ehrliche Offenheit öffnet dem Leser die Tür zum Raum der Heilung und Wiederherstellung.

Lydia

Ein Buch, das uns mitnimmt in die Tiefen einer Seele, die es in den mittleren Jahren nicht mehr schafft, den Schmerz der seelischen Verletzungen aus längst vergangenen Kindertagen wegzudrücken.

Die Autorin zeigt auf, was die Worte und Taten einer Mutter anrichten können. Geschehnisse, die das Potenzial haben, ein ganzes Leben zu ruinieren.

Sie zeigt einen Weg auf, wie herzzerreißende seelische Not bewältigt werden kann, so dass Betroffene nicht nur lernen, mit der Last zu leben, sondern dass echte Befreiung und Heilung stattfinden.

Ein Mutmacher an Menschen, denen gut gemeinte fromme Antworten, Bibelklischees und herkömmliche Seelsorge nicht weiterhelfen.

Im Hinabsteigen an der Hand Jesu in die verletzte Kinderseele konnte das Wunder der Heilung geschehen, so dass die Wunde sich endgültig schließt und neues Leben freigesetzt wird.

Nicht zuletzt ist das Buch eine Hilfestellung für Menschen, die manchmal hilflos solcher Not gegenüberstehen.

Die Autorin hat ein Stück von dem erlebt, was Jesus Christus sagt:

> *Ich bin gekommen, damit sie Leben haben*
> *und es in Überfluss haben.*
> *Joh. 10,10*

Gernot

„Tell your story – tell His story!"

Als Jesus den Jüngern kurz vor Seiner Himmelfahrt das Pfingstereignis ankündigte (Apostelgeschichte, Kapitel 1), sagte Er: „Ihr werdet Kraft empfangen, wenn der Heilige Geist auf euch gekommen ist; und ihr werdet meine Zeugen sein, sowohl in Jerusalem als auch in ganz Judäa und Samaria und bis an das Ende der Erde. [ELB] "

Der bekannte Satz von John Wimber (Gründer und langjähriger Leiter der weltweiten Vineyard-Bewegung) „Tell your story – tell His story!", also „Erzähle deine Geschichte – erzähle Seine Geschichte!", spricht genau davon: Indem wir die Geschichten der wunderbaren Dinge Gottes in unserem Leben weitergeben, sind wir „Zeugen" Seiner Realität und rechnen mit Seiner verändernden Kraft hier und heute auch bei uns.

Und so auch hier:

die kostbare Geschichte der Heilung von seelischen Verletzungen und Wunden durch die Begegnungen mit der liebevollen Gegenwart Gottes sind ein herrliches Zeugnis der Kraft und Wiederherstellung, wenn der Heilige Geist Sein Werk an uns tut!

Diese sehr persönliche, authentische, manchmal schmerzliche und dabei doch so hoffnungsvolle Erzählung ist eine große Ermutigung, dass Gott dasselbe im Leben vieler weiterer Leser tun will!

Wir beten um eine tiefe Berührung durch Gottes Geist, und Seine Heilung und Wiederherstellung für jeden, der in diese Geschichte eintaucht.

edition47

Prolog

„Hey, du, Maraike, wie sieht es bei dir heute Nachmittag mit einer Hunderunde aus?", fragte ich meine Freundin. Wir hatten beide einen Hund und liebten es, gemeinsam Gassi zu gehen und uns dabei auszutauschen.

Bei diesen Hunderunden unterhielten wir uns zunächst über unsere Alltäglichkeiten, die wir als Mutter und Hausfrau erlebten. So lernten wir uns Stück um Stück besser kennen. Als wir spürten, dass wir dem anderen vertrauen konnten, wuchs die Freundschaft und wir konnten uns aus unserem Leben persönliche Dinge erzählen, die wir nicht mit jedem teilen.

Ich selber hatte eine sehr stürmische Zeit hinter mir, in der ich einige Erinnerungen aufgearbeitet hatte. Denn mit knapp 40 Jahren geriet mein bis dahin recht sorgloses Leben total aus den Fugen. Warum? Nicht etwa, weil mein Mann gestorben war, auch keine Krankheit, überhaupt kein Schicksalsschlag – mir kamen „nur" Erinnerungen an meine Kinder- und Jugendzeit.

Es war eine Zeit, in der ich viel an mir selber zweifelte, mir manches Mal sogar wünschte zu sterben. Dennoch will ich diese Zeit aus heutiger Sicht nicht missen, denn ich habe erlebt, wie Gott mich durchgetragen und meine Seele geheilt hat:

Aus einem zerbrochenen Gefäß wurde ein neues, ein ganzes Gefäß.

Gleichzeitig hat mit dieser Zeit etwas begonnen, was noch nicht beendet ist. Dieser Prozess ist wie das fortwährende Wachstum von Pflanzen. Darum liebe ich Blumen so sehr, weil man an ihnen ein stetiges Wachsen beobachten kann, das zu einer wunderschönen Blüte führt. Über diese Blüten kann ich nur staunen.

Eine der Blumen, die ich besonders mag, ist die Lilie. Ich finde ihre Blütenpracht wunderschön und bewundere die Vielfalt an Lilien. Lilien wachsen an den verschiedensten Orten: Entlang von Ufern, in Gärten, auf Steingeröll. Diese Blume passt zu mir, denn ich mag Abwechslung, aber auch eine gewisse Gleichmäßigkeit, wie sie die Symmetrie der Blüte zeigt.

Ich kann Gott nicht genug danken für Begegnungen mit Ihm und mit Menschen, die Er mir zur Seite gestellt hat!

Durch meine Krise habe ich eine liebe Freundin gewonnen: Lydia, die mir geholfen hat, Gott als den zu erleben, der meine tiefen seelischen Wunden heilt und etwas Gutes daraus macht.

Vielen Dank, Lydia, dass du mich wahrgenommen, dich aufgemacht, mir geholfen und mich begleitest hast!

In diesem Prozess waren mir die vielen Hunderunden eine große Hilfe, um die Heilung, die ich in der Seele erlebte, in Worte zu fassen. Vielen Dank, Maraike, dass du zugehört und mit gestaunt hast!

Vielen Dank an alle, die mich mit Sozo-Gebet und Seelsorge-Gesprächen begleitet haben!

Durch Freundinnen ermutigt, habe ich angefangen, meine Gedanken auf Papier zu bringen.

Wenn ich mit Menschen ins Gespräch kam, die eine schwere Lebensphase hatten, konnte ich ihnen manche Texte weitergeben. Sie fühlten sich verstanden: Die Idee zu diesem Buch war geboren.

Ein zerbrochenes Gefäß

Ein zerbrochenes Gefäß, du nimmst es, Herr.
Ein zerbrochenes Gefäß, du machst es ganz.
Ein zerbrochenes Gefäß, du machst mehr daraus:

Es erstrahlt in neuem Glanz;
lässt deine Herrlichkeit erahnen.
Ein zerbrochenes Gefäß ist wiederhergestellt.
Es erstrahlt in deinem Licht;
gefüllt mit Gutem, das du gibst;
mit Salböl deines Heils gefüllt.

Ein zerbrochenes Gefäß
– zerbrochen ist es nun nicht mehr!

Es steht da in neuem Glanz, fließt über,
dir zum Dank, zum Lob, zur Ehr'.
Herr, als zerbrochenes Gefäß kam ich vor dich.
Du hast mich heil gemacht,
gesalbt mit dem Öle deines Heils.

Hast mich gekrönt mit Gnade und Barmherzigkeit.
Ich will überfließen, Herr, dir dienen.
Will mich von dir gebrauchen lassen,
Herr, zum Heil für andere.
Gebrauche du mich, Herr!

Sabine Susanne Maier

Kapitel 1

Entscheidung fürs Leben

Wir waren wieder mit den Hunden unterwegs, als Maraike mich fragte: „Sag mal, was war eigentlich im letzten Jahr mit dir los? Du warst so komisch!" „Es ging mir nicht so gut. Vor ca. zwei Jahren fing es an: Ich fühlte mich manches Mal als wäre ich in die Vergangenheit zurückversetzt. Ich konnte mich nicht dagegen wehren. Ich habe einfach nur dagesessen und alles nochmal erlebt. Mit der gleichen Angst wie damals."

„Wie meinst du das?", wollte meine Freundin wissen.

Ups, war ich bereits zu weit gegangen? Sollte ich es ihr wirklich erzählen? Würde sie mich vielleicht für zu zimperlich oder verrückt erklären? Andererseits, wenn sie meine Freundin war, dann wollte ich ihr auch erzählen, was sich in mir abspielte. Dafür sind Freunde ja schließlich da, oder?

Also wagte ich es: „Maraike, es hat mit meiner Kindheit und Jugend zu tun. Es war nicht alles Gold was da so glänzte. Früher hätte man uns als „gut bürgerlich" bezeichnet."

Wir schienen eine glückliche Familie zu sein mit Papa und Mama, mit einem Kind – zumindest bis ich Teenager war. Dann wurden meine fünf Geschwister geboren. Papa hatte eine Arbeit und konnte uns gut ernähren. Mama konnte daheim bei uns Kindern bleiben und sich um uns kümmern. Es schien alles so üblich, so glücklich, so perfekt.

Aber heute kommt mir unser Familienleben vor wie ein Theaterstück mit zwei verschiedenen Bühnen: eine vor der Wohnungstür und eine ganz, ganz andere dahinter! Nach außen hin war eitel Sonnenschein. Wenn jedoch die Wohnungstür geschlossen und Papa auf der Arbeit war, brach das Gewitter los – als legte Mama die Lächelmaske ab, um die Wut dahinter freizulassen! Auf mich hagelten Ohrfeigen, Prügel, Schimpfworte und Demütigungen nieder. Meine Mama nannte es „mich bestrafen". Aber mir war nicht klar, wofür. Alles habe ich geschluckt, erduldet. Was hätte ich schon dagegen tun können? Ich war es so gewohnt.

Ich hatte ein paar Mal versucht, mich Erwachsenen anzuvertrauen. Wenn ich sagte: „Mama schlägt mich", kam als Antwort, „Es ist normal, dass sich Eltern und Kind manchmal nicht verstehen." Das war kein Trost. Es änderte nichts. Hinterher ging es mir auch nicht besser. Meine größte Enttäuschung war, als ich einer Frau vom Kinderschutzbund von daheim erzählte. Ich dachte: „Hier muss mir geholfen werden. Ihre Aufgabe ist es, zu schützen." Da stand ich vor ihr, voller Hoffnung, dass ich hier Hilfe finden würde, und sagte: „Ich werde von meiner Mutter geschlagen." Erwartungsvoll schaute ich die Frau an. Aber dann kam die bittere Enttäuschung! Mit einem: „Das tut mir aber leid", war das Gespräch beendet.

Es war also wahr: Es interessierte sich keiner für mich. Es war also besser zu schweigen. Vielleicht war es ja doch nicht so schlimm.

Meine Freundin schaute mich ungläubig von der Seite an: „Das ist ja heftig! Aber sag mal, wie ging das denn, als deine Geschwister da waren, haben die nichts bemerkt? Sind die eigentlich auch geschlagen worden?"

„Ich kann mich nicht erinnern, dass sie so geschlagen wurden wie ich. Natürlich, ein Klaps auf den Po gehörte damals zur Erziehung dazu, und wie es in der Erziehung so ist, war unsere Mama so manches Mal auch meinen Geschwistern gegenüber ungerecht, aber nie in dem Maße wie zu mir. Da fällt mir ein: Als die Kinder größer waren und reden konnten, hat Mama mich immer in einem anderen Raum geschlagen oder unter dem Tisch getreten oder so gekniffen, dass es niemand sehen konnte. Es geschah heimlich. Keiner sollte es mitbekommen. Ich machte brav bei der Heimlichtuerei mit.

„Und was hat dein Papa dazu gesagt? Ich meine, der muss doch etwas mitbekommen haben!", fragte Maraike.

Ich konnte nur antworten: „Was genau Papa davon mitbekommen hat? – Ich weiß es bis heute nicht. Als ich schon über vierzig war, haben mein Vater und ich das erste Mal darüber gesprochen, dass ‚es nicht so gut lief zwischen Mama und mir'. Konkret wurde keiner von uns beiden. Es gab wohl Situationen, in denen er irgendwie etwas mitbekommen hatte. Aber selbst, wenn ich abgehauen war, kann ich mich nicht erinnern, dass er etwas gesagt oder irgendwie reagiert hätte. Außerdem habe ich mich damals nicht getraut, offen zu reden. Ich hatte immer Angst vor den Strafen, die Mama mir androhte. Angst davor, dass alles nur schlimmer wird. So war meine Erfahrung."

„Ist ja unglaublich! Aber du bist doch so normal. Also ich meine, man merkt dir doch nichts an. Auch mit deinen Kindern gehst du liebevoll um. Wie kann das denn sein?" Maraike konnte es nicht fassen.

Genau diese Fragen hatte ich selber auch schon bewegt. Denn man sagt ja, dass Kinder aus Familien, in denen sie geschlagen werden, ihre eigenen Kinder wiederum schlagen – also das fortsetzen, was sie gelernt haben.

„Ja, Maraike, du hast recht. Wir erziehen unsere Kinder anders. Ich muss gestehen, dass mir schon mal die Hand ausgerutscht ist, wenn mir der Geduldsfaden gerissen ist. Aber das war wirklich selten. Den anderen Erziehungsstil kann ich nur damit erklären, dass ich durch Jesus verändert bin."

„Das verstehe ich nicht. Das musst du mir erklären!", hakte Maraike nach.

„Maraike, wie du weißt, glaube ich an Gott und mir ist der Glaube in meinem Leben sehr wichtig. Ich will dir erzählen, wie ich dazu gekommen bin. Dazu muss ich aber ein bisschen ausholen."

Mit 17 Jahren habe ich die Schule nach der 10. Klasse abgebrochen und meine Ausbildung angefangen. Im ersten Jahr arbeitete und wohnte ich bei Diakonissen – das sind sozusagen evangelische Nonnen: Frauen, die auf Ehe und Partnerschaft verzichten, um Gott und dem Nächsten zu dienen. Der Glaube an den Gott der Bibel und an Jesus ist ihnen wichtiger, als eine eigene Familie zu gründen. Dort bei den Diakonissen habe ich Gott näher kennengelernt.

Weil meine Mama nichts dem Zufall überlassen hat, was mich betrifft, fühlte ich mich wie ein Spielball ihrer Launen. Sie erzog mich sehr kontrollierend und autoritär. Aber das war mit meinem Umzug vorbei! Ich wohnte nicht mehr bei meinen Eltern, war weit weg von ihnen! Jetzt genoss ich meine neue Freiheit: Endlich konnte ich aufatmen! Keiner, der mich schlug; keiner, der mich beschimpfte. Sogar meine Freizeit konnte ich selber gestalten! Ich konnte selber bestimmen, was ich anziehen wollte. Ich hatte dazu noch mein eigenes Geld und ich konnte mir davon kaufen, was ich wollte. Ich kaufte meine Kleider selber – und das Beste: auch noch welche, die mir gefielen! Es war alleine ich, die bestimmte, ob ich mir dann noch eine Kugel Eis kaufte oder ein Buch oder lieber einen besonderen Stift ...

Allerdings war das Taschengeld der frisch gebackenen Praktikantin immer viel schneller zu Ende als der Monat! So fing ich an zu klauen – es gab so vieles, was ich gerne haben wollte.

Mein Gewissen klagte mich zwar an, aber ich beruhigte es mit einer Ausrede: „Ach, diese Läden verdienen so viel Geld. Denen schadet es nicht, wenn mal etwas fehlt. Die haben genug! Außerdem sind es ja nur Kleinigkeiten, die ich mitnehme. Also, alles halb so schlimm!"

Aber eines Tages wurde ich erwischt. Bumm! Das war nun richtig schlimm.

„Das hätte ich von dir nie gedacht, dass du so etwas machst!" Maraike war sichtlich erstaunt.

Da war nichts mehr mit Herausreden. Die Polizei interessierte eine Entschuldigung nicht. Mir war klar, dass ich es damit gar nicht erst versuchen brauchte. Ich war noch nicht volljährig! Ich malte mir aus, wie es wohl wäre, wenn Schwester Dorothée davon erfahren würde – und all die anderen Diakonissen! Schwester Dorothée war außerhalb der Arbeitszeit für uns Praktikantinnen da.

Wenn meine Eltern dann den Brief mit der Anzeige von der Polizei erhielten – nicht auszudenken, wie Mama und Papa reagieren würden! In mir hörte ich schon Mamas Stimme: „Du bist eine Enttäuschung! Nie machst du etwas richtig! Immer muss man bei dir auf der Hut vor neuen Untaten sein!"

Der Tag war für mich gelaufen, am liebsten hätte ich mich irgendwo in ein Mauseloch verkrochen, wo keiner mich sah, wo niemand mir Vorwürfe machen konnte. Aber das war nicht so einfach.

Als ich heimkam, begegnete mir Schwester Dorothée. Sie bemerkte, dass ich Kummer hatte, und bot mir an: „Wenn du magst, komm heute Abend zu mir aufs Zimmer, dann können wir über das reden, was dich bedrückt."

Einerseits machte mir diese Aussicht noch mehr Angst, denn garantiert würde sie mit mir schimpfen, mir ankündigen, dass ich „fliegen" würde. Andererseits war sie so freundlich! Vor allem aber beeindruckte mich eines: Schwester Dorothée hatte nicht nur bemerkt, dass es mir nicht gut ging, sondern mich darauf angesprochen – das tat mir so gut. Endlich war ich mal jemandem nicht egal, das machte mir Mut.

Aber dann kamen wieder die Zweifel: Sie wusste nicht, was ich angestellt hatte. Wie enttäuscht würde sie wohl sein! Konnte ich es wirklich wagen, zu ihr zu gehen, mit ihr zu reden? So, wie ich bin, kann mich doch keiner mögen! Ich war doch die pure Enttäuschung – wie immer!

Nach dem Abendessen bot mir Schwester Dorothée nochmals an: „Wenn du magst, komm später vorbei." Wieder war ich beeindruckt, denn sie hatte noch nicht vergessen, dass mich etwas bedrückte. – Aber: Wenn sie wüsste!

Am Abend klopfte ich tatsächlich an die Tür zu Schwester Dorothées Zimmer, zaghaft und zögernd. War es wirklich richtig, mich ihr anzuvertrauen? Ich schämte mich schon im Voraus: Wieder mal hatte ich alle enttäuscht! Und trotzdem drängte es mich, mit ihr zu reden. Dennoch überlegte ich, noch vor dem „Herein" wieder zu gehen und zu schweigen, es mit mir alleine auszumachen. Aber zu spät. „Herein!" hörte ich aus dem Zimmer.

So saß ich da auf dem Rattan-Sessel – nicht zum ersten Mal, aber noch nie mit solchem Unbehagen wie heute – Schwester Dorothée in dem anderen, mir gegenüber. Auch wenn der Sessel mit dem blauen Kissen gemütlich und bequem war, konnte ich ihn diesmal so gar nicht genießen. Er fühlte sich eher an wie ein Nagelbrett: unbehaglich und hart. Mir pochte das Herz, bestimmt konnte Schwester Dorothée es hören. Ich fühlte mich höchst unwohl in meiner Haut.

Ich konnte ihr nicht sagen, was ich verbrochen hatte, es kam mir einfach nicht über die Lippen. Meine Angst vor ihrer Reaktion verschloss mir den Mund. Die Angst, Schwester Dorothée und die anderen Diakonissen würden mich verachten und nichts mehr mit mir zu tun haben wollen, und die anderen Mädchen auch. Dazu kam noch mein schlechtes Gewissen: All die Anklagen waren so viel stärker als mein Wunsch zu reden.

Schwester Dorothée unterbrach meine Gedanken: „Schau mal, hier ist ein Stift und Papier. Vielleicht fällt es dir leichter, aufzuschreiben, wo der Schuh drückt." Vielleicht – die Frau hatte gut Reden! Vielleicht ja, aber – nein – ich war doch so schlecht! In mir tobte der Kampf: aufschreiben oder nicht?

Es fiel mir schwer, sehr schwer, aber schließlich stand es auf dem Zettel: „Ich bin beim Klauen erwischt worden." Kaum hatte ich Schwester Dorothée den Zettel gegeben, bereute ich es auch schon. Ich dachte, gleich sagt sie mir, wie schlecht ich bin, dass sie mich nicht mehr haben will und dass ich gehen kann – auf Nimmerwiedersehen! Ganz sicher musste ich mein Praktikum nun abbrechen. Die Ausbildung konnte ich gleich ganz vergessen. Ich wagte nicht, aufzuschauen und wartete auf die Strafpredigt, das wohlverdiente Urteil.

Aber – das kam nicht!

Stattdessen sagte Schwester Dorothée: „Möchtest du das Ganze bei Jesus abgeben und Ihn um Vergebung bitten?" – Moment mal, hörte ich richtig? Sie schimpfte nicht, sie machte mir keine Vorwürfe, verurteilte mich nicht? Eine Enttäuschung der besonderen Art!

Nun musste ich Schwester Dorothée doch anschauen. Auch in ihren Augen lagen kein Vorwurf, keine Ablehnung. Ich sah darin nur ganz viel Erbarmen und – mindestens genauso viel Liebe! „Wir können miteinander beten und du bittest Jesus um Vergebung", sagte sie. Nach ein paar Momenten der Sprachlosigkeit muss ich wohl „Ja, das machen wir" geantwortet haben, denn sie erklärte mir, mit Jesus könne ich einfach so reden wie mit ihr.

Sollte ich es versuchen? – Warum eigentlich nicht? Verlieren konnte ich nichts, denn viel schlechter konnte es mir gar nicht mehr gehen. Ich hatte ja bereits alles verloren! So wagte ich es. Ich betete: „Jesus, vergib mir, dass ich geklaut habe. Vergib mir meinen Fehler. Vergib mir alles, was ich bisher falsch gemacht habe. Es war nicht richtig und es tut mir wirklich leid. Ich will das alles nicht mehr und wünschte mir, dass ich es ungeschehen machen könnte. Amen."

So – nun hatte ich um Vergebung gebeten und Jesus gesagt, wie leid es mir tat. Und jetzt?

Was dann geschah, darüber konnte ich nur staunen: Mir war so leicht ums Herz! Als ob mir jemand eine Last abgenommen hätte!

In den weinigen Monaten, die ich schon hier war, hatte ich zwar viel gehört über Gottes Liebe und Jesus und all den „Glaubenskram", wie ich es nannte. Ja, es hörte sich immer alles ganz nett an. Aber was sollte ich damit anfangen? War das alles nicht vielleicht doch ein bisschen zu eng? Oder einfach nur eine nette Wunschvorstellung?

In dem Moment wurde mir klar, dass dieser „Glaubenskram" tatsächlich etwas mit meinem Leben zu tun hatte, mit mir ganz persönlich! Dass etwas dran war an dem Satz: „Jesus ist für alles, was ich Falsches getan habe, am Kreuz gestorben; ich muss mich nicht mehr mit einem schlechten Gewissen herumschlagen!"

Die Angst vor der Kündigung und vor der Reaktion meiner Eltern war noch da. Aber die Last des schlechten Gewissens, das mich anklagte, die war weg. Ehrlich, es war so, als ob jemand mir eine Last in mir drinnen weggenommen hatte! Heute weiß ich, dass dies mit der Vergebung zu tun hat, die Jesus mir gab.

Übrigens wurde mir nicht gekündigt, ich durfte bleiben. Die andere Konsequenz jedoch, dass meine Eltern es erfuhren, die musste ich tragen. Ich schrieb ihnen am nächsten Tag einen Brief und erzählte von dem Mist, den ich gebaut hatte, denn sie sollten es von mir erfahren – bevor die Anzeige von der Polizei bei ihnen ankam.

Die Reaktion meiner Eltern fiel milder aus als ich erwartet hatte: Als ich sie das nächste Mal sah, sprach Mama es nur einmal an. Sie sagte wie erwartet: „Du bist eine Enttäuschung!", aber ich bekam dafür keine Prügel von ihr. Auch all die anderen erwarteten Schimpftiraden blieben aus. Mein Papa sagte nur, dass er es schade finde. Dann tat er etwas, wodurch ich mich das erste Mal von ihm vor Mama beschützt fühlte: Er gab mir seine Dienstadresse, dass ich in brenzligen Situationen erstmal nur ihn informieren könnte.

Ich wandte mich wieder an Maraike: „Durch dieses eine Gebet begann für mich ein Weg, den ich bis heute nie bereut habe: Ich fing an, in der Bibel zu lesen, ging sonntags in die Kirchengemeinde und lernte dort Gott kennen – dieser Glaube hat bis heute gehalten. Sonst würde ich dir nicht so davon erzählen, wie von jeder wahren Begebenheit in meinem Leben."

„Hm, ja, dann ist das für dich ein wichtiges Erlebnis gewesen! Ich habe das so noch nie gehört. Aber das hört sich echt an und ich kenne dich inzwischen gut genug, dass dir der Glaube und Jesus wichtig sind.", meinte meine Freundin.

Damit auch du, lieber Leser, im Bilde bist:

Ich war eine fröhliche, ausgelassene Frau. Ich lernte einen Mann kennen, wir verliebten uns und heirateten, bekamen vier Kinder, die gesund und munter waren, sie wuchsen heran und gediehen. Wir lebten glücklich und zufrieden und weil wir nicht gestorben sind, leben wir noch heute ... .

Naja, ganz so war es dann doch nicht. Nach einigen Jahren kam eine Zeit, in der ich meine fröhliche Art verlor. Ich konnte und wollte einfach nicht mehr lachen. Ich sah in mir nur noch das Schlechte, einen Versager, einen Heuchler. Am liebsten hätte ich mein Leben mit jemandem getauscht, einfach weg von alledem, was da so schlimm war.

Ja, ich liebte meinen Mann Johannes, ich liebte meine Kinder. Auch Gott liebte ich, konnte auch „Danke" sagen für alles, was ich hatte. Und doch fehlte mir die Freude, ich hatte das Lachen verlernt. Es war alles irgendwie düster.

Heute bin ich wieder ausgelassen und fröhlich.

Aber das brauchte seine Zeit, oft war ich verzweifelt – ich fühlte mich wie ein zerbrochenes Gefäß, am Boden zerstört. Langsam, Schritt um Schritt, lernte ich, aufrecht zu stehen, auch wenn um mich her heftige Stürme tobten. Ich habe eine ganz neue Tiefe im Glauben bekommen:

Ich lernte, dass die Probleme mich nicht besiegen konnten, sondern dass Jesus der Sieger ist und dass deshalb auch ich siegen kann. In diesem „Lernen" gab es hin und wieder Momente, in denen ich verzweifeln wollte an mir und an den Umständen, Momente, in denen ich mich fragte: „Wozu das alles?", aber Gott hat das zerbrochene Gefäß neu gemacht, wunderbar und schön!

So, wie meiner Freundin, will ich dir, lieber Leser, davon erzählen, was Gott Wunderbares getan hat, und mehr noch: Wie ich aus dieser tiefen, tiefen Traurigkeit herauskam und wieder zur Fröhlichkeit gefunden habe, einem Frohsein, einer Freude, die viel tiefer und erfüllender ist, als ich sie jemals zuvor kannte.

Du lernst meine Geschichte aus meiner Sicht kennen, so, wie ich es erlebt habe, was ich empfunden habe. Jeder, der eine Situation miterlebt, nimmt sie aus seiner eigenen Perspektive wahr, mit dem Hintergrund seiner persönlichen Erfahrungen, der eigenen Wahrnehmung, in seiner jeweiligen Rolle, und so ist auch dieses Buch ein subjektiver Bericht über einen Teil meiner Lebensreise.

An viele Situationen kann ich mich erinnern, als wären sie erst gestern passiert, dann wieder beschreibe ich zusammengefasst, was sich wieder und wieder abgespielt hat. Dabei bin ich bestrebt, weder zu übertreiben noch etwas schönzureden. Habe bitte auch Nachsicht mit mir, wenn ich von einem blauen Kissen schreibe, das vielleicht gelb mit roten Punkten war.

Du kannst es!

„Du kannst es! Du hast das Zeug dazu."

    So sagen die anderen.
    Aber sie kennen mich nicht!

„Du – mach doch. Du kannst das."

    So sagen die anderen.
    Aber sie kennen mich nicht!
    Wer kennt mich schon?
    Wer weiß, wie ich denke,
    was ich fühle, was ich kann?

„Du bist stark! Du kannst das!"

    So sagen die anderen.
    Aber sie kennen mich nicht!
    Sie kennen mich nicht!
    Weil niemand weiß,
    wie es in mir aussieht!

Sabine Susanne Maier

Kapitel 2

Es beginnt zu kriseln

„Sag mal, wodurch wurde das ganze Gefühlschaos bei dir eigentlich ausgelöst?", wollte Maraike wissen.

„Hm, ich muss dir ehrlich sagen, dass ich dir kein Datum nennen kann. Es war eher ein Prozess, eine Frage nach der anderen kam dazu. Alle zusammen haben in mir eine enorme Verwirrung ausgelöst."

Ganz oft bekam ich zu hören: „Du bist eben eine starke Frau!"

Aber ich sah mich ganz und gar nicht so. Viele sahen uns als nette, ziemlich makellose Familie mit unseren vier Kindern. Eine Mutter voller Elan, die sich Zeit für ihre Kinder nimmt, eine glückliche Ehe, der Haushalt sauber, dazu noch Haustiere. Ich wurde als unerschütterliche Frau und Mutter wahrgenommen, die ihr Leben im Griff hat – stark und strukturiert.

Eben, eine ganz normale Familie mit einem Häuschen. Jedes Kind hatte sein eigenes Zimmer, nach seinen Wünschen eingerichtet. Jedes Jahr in Urlaub gehen war ebenso drin wie die kleinen Luxusgüter nebenbei: Auto, Fahrräder, schöne Kleidung, reichhaltige Ernährung, ab und zu eine Reise, einfach so.

Unsere Kinder waren gesund, entwickelten sich prächtig. Sie waren gut und nett erzogen.

„Maraike, du weißt, dass es bei uns zwischen den Kindern und mit den Kindern auch ab und zu kracht. So wie das in Familien ist. Wobei ich schon sagen kann, dass wir wunderbare Kinder haben!"

„Oh ja, ich mag sie, mein Kind ist auch so gerne bei euch. Da ist eben immer etwas los!", warf Maraike ein.

Ich fuhr fort: „Ein Auslöser meiner Krise ist für mich eindeutig:

Als ich in der Schule unserer Kinder als Elternvertreter tätig war[1]. Ich war gerne in der Schule und half, wenn Not am Mann war. In der Elternarbeit konnte ich mein Wissen und meine Erfahrung als Mutter einbringen und so sahen alle in mir eine kompetente, starke Frau.

Dann brauchten wir einen neuen Vorstand für die Elternarbeit auf dem gesamten Campus.

Viele wollten mich überzeugen:

„Hey, das ist doch was für dich! Du bist für dieses Amt geradezu geschaffen! Lass dich aufstellen! Du kannst organisieren. Du kennst und liebst diese Schule. Du hast Zeit. Du hast ein Herz für Eltern, Lehrer und Schüler, das sind die idealen Voraussetzungen.“

Ha, ha, ha, ich sollte das alles stemmen? – Niemals! Ich wollte nicht. Das war mir zu viel und zu groß. Ich sollte die ganze Elternarbeit leiten? Auf dem Schulcampus waren damals mehrere hundert Schüler! Ich sollte den Überblick wahren, Aufgaben delegieren, Aufgabenfelder betreuen – leiten und anleiten?

Nein, das konnte ich nicht. Dazu war ich nicht stark genug. „Ich kann überhaupt nicht leiten, zumindest keine Erwachsenen, und schon gar nicht so anleiten, dass andere wissen, was zu tun ist. Und dazu noch den Überblick behalten – nein, das ist mir eindeutig zu viel Verantwortung. Damit werde ich nicht fertig!“ Ich hatte meine Meinung dazu, denn schließlich kannte mich keiner so gut wie ich selber: „Die überschätzen mich total, dazu bin ich absolut nicht fähig!“

Angestoßen durch diese Fragen plagten mich andere Gedanken: „Warum überschätzen die mich alle? Was mache ich falsch? Lebe ich denn den anderen etwas vor, was ich gar nicht bin?“ Das erschreckte mich. Denn es erinnerte mich an meine Mama, an das Theaterstück, das sie mit mir spielte – vor der Haustür die Maske der starken, netten Lady,

---

[1] Eltern lassen sich wählen, um im Ehrenamt die Interessen von anderen Eltern und Kindern vor den Lehrern und umgekehrt die Interessen der Lehrer vor den Eltern zu vertreten.

aber wenn die Tür zu war eine traurige, zornige Frau. War ich letzten Endes auch so?

„Aber warum hat dich das so geplagt? Es ist doch ganz egal, was andere über dich denken. Du bist du. Ich finde, du bist echt – authentisch!", räumte Maraike ein. „Ja, du erlebst mich im Alltag, aber die anderen sahen und erlebten mich nur punktuell, in Situationen, die meine Stärken zur Geltung brachten!"

Mich hatten schon oft Predigten, Andachten und Texte bewegt, in denen die Rede war von den Masken, die wir tragen. Ich wollte jemand ohne Maske sein! Ich wollte ehrlich sein. Einfach nur ich selbst sein. Ich ließ diese Fragen immer mehr zu und durchdachte sie. Je mehr ich darüber nachsann, umso mehr kam ich mir vor, als ob es die anderen waren, die mir eine Rolle, eine Maske aufdrücken wollten. Dazu noch eine Maske, die ich gar nicht wollte, die zudem gar nicht zu mir passte! Hatte ich etwa diese Rolle bereits angenommen, lebte ich also doch mit einer Maske, log anderen damit etwas vor? Ich stellte mich selber ganz und gar in Frage.

Ich erschrak! Denn es erinnerte mich an Mamas Sätze: „Du bist ein falsches Stück – du tust nett und bist genau das Gegenteil! Du lügst den Leuten draußen was vor und zu Hause bist du ein Scheusal!"

Hatte Mama doch recht gehabt? War ich ein falscher Mensch? Wie viel Schuld häufte ich mir dadurch auf?

Meine Kontakte waren oberflächlich, wie man sie zu den meisten Menschen eben hat in Gemeinde, Schule und Elternarbeit. Ich kam mit anderen gut aus; aber das war es auch, mehr Vertrautheit war nicht da.

Letztlich war ich allein: Da war keiner, der mich verstand. Keiner, der mir zuhören wollte oder konnte, Zeit für mich hatte. Keiner, der bereit war, mich so zu sehen, wie ich mich sah. Andererseits kannte ich auch keinen, dem ich vertrauen wollte. Und wenn es niemanden interessierte, dann würde mich auch keiner verstehen."

„Ja, aber warum hast du mir davon nicht erzählt? Okay, ich hätte dir nicht helfen können, aber ich hätte dir zugehört!", fragte mich Maraike.

„Ach, weißt du, ich wollte mit meinen Problemen niemandem auf die Nerven gehen. Ich dachte, dass ich andere damit belästige und das Recht dazu hatte ich nicht. So wäre es reine Zeitverschwendung auf allen Seiten gewesen!"

Andererseits, wahrgenommen werden, ja natürlich, das wollte ich … .

Ich fühlte mich durch die Aufforderungen der anderen bedrängt, empfand die „Ermutigung" als Zumutung. Die Spannung wuchs, die Diskrepanz zwischen dem Wunsch, samt meinen Gefühlen wahrgenommen und beachtet zu werden, und dem Bestreben, niemanden damit zu belästigen.

Dazu kam noch, dass ich ein Buch gelesen habe, das mich an meine Jugendjahre erinnert hat: Es ging in dem Buch um ein Kind, dessen Mutter Alkoholikerin ist, und das so manche Ungerechtigkeit über sich ergehen lassen musste. Es war für mich wie ein „Aha-Erlebnis", denn auch ich habe damals tief in mir vermutet, dass Mama Alkohol trinkt. Vieles, was das Kind in dem Buch erlebte, kam mir so bekannt vor.

All diese Dinge führten dazu, dass es mit dem so sorglosen, fröhlichen Leben vorbei war – schleichend, aber stetig wachsend, kam eine tiefe Traurigkeit in mich hinein, ausgelöst durch das Chaos meiner Gedanken.

Kapitel 3

Aufgewühlt und überrollt

Aus meinem Tagebuch:

Zurzeit fühle ich mich wie ein Schiff im Sturm, von den Wellen hin und her geworfen. Was ich damit meine? Einmal erscheint alles so klar wie ein Rufen: „Ja, so ist es! Gott ist für mich!" Dann wieder das Fragen: „Habe ich nicht alles schon vor Gott gebracht? Warum bewegt es mich dann noch so? Stelle ich etwa Gott in Frage? Wo ist Gott überhaupt?"

Ich dachte doch, ich würde mich kennen, meine Tücken, meine Stärken. Aber irgendwie merke ich, dass mich vieles an mir erstaunt.

Mir wird nun bewusst: Vieles, was ich „Selbstsicherheit" nannte, ist einfach nur die Angst, Fehler zu machen! Als säße mir die Aufforderung im Nacken: „Bloß nichts falsch machen!" Dann sehe ich mich wieder als Kind, hilflos, schutzlos ausgeliefert den Launen und Demütigungen meiner Mutter.

Ich wollte meiner Freundin wieder ein bisschen mehr erzählen: „Maraike, hast du Lust auf eine Hunderunde? Mir hilft es, wenn ich dir erzählen kann, was ich erlebe, so kann ich es besser verarbeiten." „Ich komme nachher rüber und dann laufen wir mit den Hunden", antwortete Maraike.

Nach einem kurzen Austausch über die letzten Tage fing ich an:

„Ich habe mich wie ein Schiff gefühlt, das im Sturm hin und her geworfen wird und keine eindeutige Richtung einnehmen kann. Manchmal war mir alles so klar, dass ich es so gut erklären und rechtfertigen konnte. Aber dann kamen wieder Gefühle hoch, die mich so aus der Bahn warfen, dass alle Erklärungen nichts nützten."

„Das hört sich poetisch an und aus dem Leben gegriffen. Aber was heißt das bei dir?", fragte Maraike nach.

Als diese ganze Phase angefangen hat, kamen mir Erinnerungen an Ereignisse, die in meiner Seele tiefe Wunden geschlagen hatten. Mein Verstand bemühte sich, sie zu verdrängen: „Das ist alles längst vorbei! Was kümmert es dich! Das hat im Hier und Jetzt nichts zu suchen!" Aber meine Seele spürte, dass da etwas sein musste, das ich nicht wegleugnen konnte. In mir kämpfte es – mein Verstand gegen meine Seele.

Jetzt, im Rückblick, kann ich sagen: Gott sei Dank für diese Phase! Denn dieses Chaos brachte mich an den Punkt, dass ich nicht mehr weiterwusste; ich fühlte mich zu absolut nichts mehr fähig, war verwirrt. Irgendwann kapitulierte ich und konnte nur noch zu Gott schreien: „Ich kann nicht mehr! Hier bin ich. Herr, nimm alles in deine Hand und mache du!"

„Moment mal, wie kannst du dankbar sein, wenn es dir so schlecht ging?", wollte Maraike wissen.

Heute sehe ich, wie ich in dieser Überforderung und diesem Schmerz Gott so tief und innig erlebte wie noch nie zuvor, dass Gott sich um meine Verwirrung kümmerte. Er deckte auf, was in meinem Leben nicht so war, wie Er es für mich vorgesehen hat. Ich begann zu verstehen, was Gott in Jeremia meint:

> *Denn ich weiß, was für Gedanken ich über euch habe,*
> *spricht der HERR, Gedanken des Friedens und nicht des Unheils,*
> *um euch eine Zukunft und eine Hoffnung zu geben.*
> *Und ihr werdet mich anrufen und hingehen und zu mir flehen,*
> *und ich will euch erhören.*
> *Jeremia 29,11–12*

Gedanken des Friedens! Stück um Stück fing ich an zu entdecken, was damit gemeint war.

Nun aber zu den Erinnerungen: Generell ist es so, dass ich schöne Erlebnisse gerne weitergebe. Ich freue mich, wenn sie mir einfallen. Beobachtet mich dann jemand, sieht er vielleicht, wie mein Gesicht sich aufhellt oder ich schmunzele.

„Oh ja, das kann ich mir bei dir gut vorstellen. Deine Mimik erzählt Bände", schmunzelte Maraike, „aber erzähle weiter!"

Ich kann mich an etliche Situationen aus meiner Kindheit erinnern, die ganz und gar wohltuend waren. In denen ich mich rundum wohl gefühlt habe. Es tut gut, an sie zu denken!

Zum Beispiel, wenn ich meinen Vater begleiten durfte, als er während dem Studium Geld verdiente. Papa fuhr Ware aus. Ganz stolz saß ich auf dem Beifahrersitz in dem großen Auto. Hier konnte ich so weit schauen, über die anderen Autos hinweg. Ich fühlte mich wie eine Königin. Ich und Papa alleine unterwegs. Oft hatte ich einen Atlas auf dem Schoß. Es machte mir so viel Spaß zu schauen, welche Autobahn wir benutzten und auf den Straßenschildern die Orte zu finden, die ich im Atlas gelesen hatte. Was für ein Erfolg!

Oder die Ausflüge mit Mama und Papa, wenn wir wandern waren. Ich liebte es, wenn wir einen Berg erklommen hatten, und als Belohnung für die Mühe dann eine Burg eroberten. Was es in so alten Burgen alles zu entdecken gab. Auf Ruinen beispielsweise die vielen Tiere und Pflanzen im alten Gemäuer. Waren Burgen erhalten, konnte ich mir ein Bild von dem Leben früher machen: wunderschöne Sessel, mit rotem Samt überzogen. Sessel, die sehr bequem aussahen. Wer hatte auf ihnen schon alles gesessen? Aber auch dunkle Gänge, in denen es sicherlich gruselig wäre durchzugehen, vor allem, wenn es dunkel ist dann noch ein kalter Wind pfeift.

Gerne verweile ich in solchen Erinnerungen – einfach, weil sie so schön sind!

Aber es gibt eben auch die schlechten Erinnerungen – die, die ich gar nicht behalten will!

In jener Zeit, als das Chaos mich übermannte, blitzten sie zunehmend auf – aus heiterem Himmel wie ein Schlag in den Nacken. Dann horchte ich auf: „Ich weiß, da waren unschöne Dinge. Aber an die will ich doch nicht denken! Am Geschehenen kann ich sowieso nichts mehr ändern! Ist doch alles vorbei!" Leichter gesagt als getan; den Knopf zum „Wegdenken" fand ich nämlich nicht.

Jahrelang waren diese Erinnerungen aus dem Sinn, aber doch hatten sie sich mir ins Gedächtnis eingebrannt, waren irgendwo verborgen gewesen.

„Hey, jedes Leben bringt schlechte Erinnerungen mit sich. Das ist doch ganz normal. Kann man die nicht einfach vergessen, zumindest zur Seite legen und Gras darüber wachsen lassen? Zumindest traue ich dir das als absoluter Optimist zu! So, wie ich dich erlebt habe, die in jeder Situation das Gute sieht!", stellte Maraike fest.

„Da hast du Recht, Maraike. Eigentlich ticke ich so. Ich erkenne immer irgendwo das Gute an einer Sache, die man lieber aus dem Leben streichen würde. Aber glaube mir, das war mit den Erinnerungen anders. Sie gingen einfach nicht weg! Ich war wie von ihnen gefangen und überrollt!", konnte ich nur erwidern, „Ich konnte mich nicht wehren … ."

Ich war von der Wucht der Erinnerungen überwältigt, von dem tiefen Schmerz, der damit verbunden war. Dieser Schmerz platzte aus meinem Inneren heraus und überrollte mich – und meinen Optimismus!

Körperlich war ich kerngesund, aber dieser Schmerz war definitiv da. Ich wusste: Er kam von keinem Organ. Er saß in der Seele – im Herzen. Und ich konnte ihn absolut nicht verstehen, nicht nachvollziehen, warum es mir so wehtat, im Hier und Jetzt! Es war doch alles längst vorbei! Ich ärgerte mich über mich selber. Wie konnte ich mich so daran festbeißen? Was war nur los mit mir?"

Warum das alles? Warum?

Warum weine ich?
– Wegen längst Vergangenem?

Ich weiß doch:
Gott fängt mich auf.
Er hält mich an der Hand.

Und trotzdem, trotzdem tut es so weh!
Ganz tief innen – wie ein Splitter
– wie ein Dorn im Herzen.

Ich weiß: Es ist geschehen – längst vorbei.
Jetzt geht es mir gut:
Gott hat mich gesegnet,
ich habe viel gelernt.

Aber – da ist dieses Aber:
Es tut so weh, ganz tief innen.
Ich sehe all das Gute, was ich nun habe.
Aber da sind auch die vielen Bilder
aus längst vergangenen Tagen.
Habe ich sie nicht schon oft
unter das Kreuz gelegt?

Ich weiß, warum manches so war;
warum andere so sind;
ich weiß um ihr Geworden sein.

Es war halt so – Gott hat mich getragen.
Gott hat mir vergeben – und ich auch anderen.
Ich weiß, es ist vergeben.
Aber doch tut es so weh, ganz tief innen!

Es sind Bilder längst vergangener Tage.
Was mache ich falsch?
Für andere weiß ich Rat.
Doch wer hat Rat für mich?
Bin ich zu egoistisch?

Niemand fragt, wie es mir geht
- wie es mir tief innen geht!
Es darf auch nicht jeder wissen –
muss es jemand wissen außer Gott allein?

Es heißt: Jesus genügt – Gott allein.
Er weiß es doch, er trägt mich doch.
Aber trotzdem, er ist da –
dieser Schmerz, tief innen!
Die Einsamkeit.

Keiner fragt, wie es mir geht,
- wie es mir tief innen geht.
Jeder denkt, ich wäre stark.
Ich bin es nicht – ganz gewiss nicht!

Mitleid? Das will und brauche ich nicht.
Dreh ich mich nur um mich selbst?

Mache ich nur Kleines groß? Warum frage ich?
Diese Tage sind längst vorbei.
Mir geht es gut, bin weit weg von all dem Leid,
und Gott hat mich gesegnet.

Ich weiß, ich sollte loben
- dankbar sein – nicht klagen!
Doch irgendwo in mir weiß ich:
Vor Gott darf ich das, er kennt mich sowieso.
Bei ihm darf ich mich fallenlassen.

Aber niemand sonst ahnt, wie's mir geht,
wie es mir WIRKLICH geht, ganz tief innen.
Alles platzt aus mir heraus.
Vergangenes beweine ich.
Wie kann das nur sein?
Betrübt, verzweifelt wegen längst Erlebtem?

Ach, Herr, nimm weg all diesen Schmerz tief innen.
Nimm den Schmerz aus meinem Herzen.

Sabine Susanne Maier

Meine Freundin erinnerte sich: „Das war wohl die Zeit, in der du so komisch warst! Ich habe nur gedacht, dass das mit vier Kindern und in deinem Alter normal ist, wenn die Hormone anfangen, zu spinnen ... ?"

„Äh, Moment mal, nicht frech werden, so alt bin ich dann doch nicht. Nein, mit Wechseljahren hatte das nichts zu tun!", konterte ich.

„Aber was lief genau in dir ab? Kannst du mir davon erzählen?", fragte Maraike.

„Ja, inzwischen geht das für mich", antwortete ich.

Tage wie dieser häuften sich:

Ein ganz normaler Morgen. Ich stand auf und richtete das Frühstück. Eigentlich wollte ich alleine sein – einfach meine Ruhe haben und nachdenken. Aber da waren die Kinder und auch Johannes, mein Mann, war aufgestanden. Nun war Leben in der Bude! Wir saßen am Tisch und frühstückten. Eine fröhliche Familie, gesunde Kinder, genug zu essen. Mein Mann hatte Arbeit, die Kinder konnten zur Schule gehen – viel Grund dankbar zu sein!

Beim Frühstück ging es munter zu. Jeder hatte am Tisch noch etwas zu erzählen oder ein Anliegen: „Ach übrigens, da ist noch ein Elternbrief." „Ich brauche noch eine Unterschrift unter dem Vokabeltest." „Ich muss was kopieren. Die schwarze Farbe ist leer, macht jemand eine neue Patrone rein?" „Wer hat mir meinen Stift weggenommen? Ich will ihn wiederhaben!" „Aua, hör auf, mich zu treten, Mama, der soll aufhören!" Einfach ein ganz normaler, turbulenter Morgen. Keine Ruhe zum Nachdenken, keine Zeit für mich.

Im Stillen stöhnte ich: „Irgendwie ist mir das alles gerade zu viel! Ich will alleine sein!" Ein Blick auf die Uhr: „Gut, nur noch zehn Minuten, dann sind alle weg – zum Glück!"

„Aber jetzt muss ich noch stark sein. Ich muss für alle da sein, damit sie gut in die Schule kommen und lernen können. Ich muss all ihre Wünsche erfüllen, damit es allen gut geht!"

Das waren lange zehn Minuten. Wann waren die endlich vorbei? – Endlich, endlich waren sie um. Und alle aus dem Haus! Endlich ganz allein. Endlich nicht mehr stark sein müssen. Endlich … .

Und dann - kaum war der letzte aus dem Haus - kam das heulende Elend: Ich musste weinen, weinen, weinen. Der Druck war einfach zu groß, jetzt endlich konnte ich ihn rauslassen. „Dann wird es wieder gut!", dachte ich aus Erfahrung. Ich wusste um Phasen in der Vergangenheit, in denen ich traurig war und mir erlaubte zu weinen, wenn es keiner sah. Dann war die Traurigkeit ausgeschwemmt, der Druck weg und nach einem dankenden Gebet die Fröhlichkeit wieder eingekehrt. Also habe ich geweint, geweint, bis ich keine Tränen mehr hatte. Und keiner hat es mitbekommen. Wie gut! Es sollte auch gar keiner mitbekommen. Ich wollte ja stark sein, meine Lieben brauchten mich!

Nur – der Druck war nicht weg. Diesmal nicht. Meine Erfahrung ließ mich im Stich!

Stattdessen fand ich mich mittendrin in Situationen von früher, als spielte mir mein Gedächtnis einen üblen Scherz: Ich spürte den körperlichen Schmerz der Schläge, die Demütigung und den Stich im Herzen, dazu die Angst – die Panik. Ich konnte nicht aus dieser Erinnerung heraus, war ihr hilflos ausgeliefert. Wieder und wieder erlebte ich diese schmerzhaften Momente, einen nach dem anderen, manche wie in einer Endlosschleife. Ich kam mir vor wie ein gehetztes Reh, das vor den Jägern wegrennen will, aber nicht kann.

„Das hört sich ja echt schrecklich an. Du Arme, tust mir jetzt noch ganz leid!", Maraike war schockiert, „Das macht mich sprachlos."

„Ich glaube ich hätte andere nicht ernst genommen, wenn sie mir so etwas erzählt hätten. Ich glaube, dass ich andere als nicht ganz gesund erklärt hätte. Der Schmerz war da, aber mein Körper war gesund.", fuhr ich fort.

Ich konnte es nicht verstehen, einfach nicht nachvollziehen: „Herr, Gott, es ist alles so lange her! Wie kann das jetzt so nah und real sein? Mir geht es doch gut! Was mache ich falsch? Wo liege ich verkehrt? Bin ich vielleicht nicht dankbar genug?" Ich wusste weder ein noch aus.

Oft schon hatte ich ihn gehört, diesen Satz: „Du musst einfach nur beten. Wenn du nur vergibst, wird alles gut. Wenn du es nur Jesus im Gebet bringst, dann macht er alles gut."

„Also konnte dein Glaube dir doch nicht helfen? Aber du sagst doch immer, dass Gott dir hilft!", wunderte sich Maraike.

Ja, in den Momenten fühlte ich mich alleine – ohne Gott. Denn von dem „Alles-wird-gut" merkte ich nichts, rein gar nichts! Im Gegenteil: Die Traurigkeit, die Angst, die Hilflosigkeit, das Verzweifeln wurden schlimmer und schlimmer! Ich war dem Ganzen hilflos ausgeliefert, Beten half nichts mehr.

Andererseits das Wissen: Ich hatte doch wirklich vergeben. Ich spürte auch keinen Hass oder Bitterkeit gegen die Menschen, die mich verletzt hatten, und trotzdem wühlten mich die Erinnerungen auf: Sie machten mich so fertig, dass ich am ganzen Körper zitterte, sie beherrschten mein Denken.

Ich ermahnte mich: „Hör doch endlich auf! Stell dich nicht so an! Sei nicht so empfindlich, das bringt doch nichts, wenn du dich so gehen lässt. Reiß dich endlich zusammen!" – Aber auch das half nicht; all meine Selbstbeherrschung versagte kläglich.

In mir kamen sogar Zweifel am Glauben auf. Habe ich mir vielleicht alles mit Gott doch nur eingeredet?

Ich wollte nicht mehr: „Am liebsten möchte ich alles hinschmeißen, einfach wegrennen, mich um nichts mehr kümmern!" Von wegen starke Frau….

Und wieder hörte ich die Stimme meiner Mama, als stünde sie neben mir: „Nichts hältst du aus! Du bist ein Jammerlappen!"

„Aber wie konntest du dich so von dem, was deine Mama vor so vielen Jahren gesagt hatte, dermaßen beeinflussen lassen?", wollte Maraike wissen.

„Es ist so, ich hatte das immer und immer wieder von Mama gehört. Selbst als mein Verstand sagte, dass es nicht stimmen kann: Es war in mir verankert wie eine Wahrheit, die mein Denken und Handeln geprägt und somit beeinflusst hat."

„Unglaublich so etwas! Erzähl weiter", bat Maraike.

Eines rief mich dann zur Vernunft: Das Wissen, dass meine Familie mich brauchte, der Haushalt erledigt werden musste, das Essen auf dem Tisch stehen musste, die Wäsche wieder sauber im Schrank liegen musste. Von außen betrachtet lief alles wie gewohnt; aber zu mehr war ich nicht fähig. „Was habe ich eigentlich, so viel Arbeit ist es auch wieder nicht. Ich schaffe es doch", versuchte ich mich zu beruhigen. „Ich darf kein Jammerlappen sein!"

Wie gut, dass ich wenigstens hier funktionierte, so blieb das Bild von der netten Familie, der es so gut geht, gewahrt: Alles sauber, alles versorgt, alles friedlich – wie schön!

„Da hatte dich der liebe Alltagstrott am Laufen gehalten! Immer schön alles erledigen", meinte Maraike.

Und doch: Wenn die Haustüre zu und ich alleine war, konnte ich dem Chaos in mir nicht mehr Einhalt gebieten. Aber das bekam zum Glück ja keiner mit! Das war mein eigenes, mein wohlgehütetes Geheimnis!

„Ach, wenn ich doch nur mit jemandem reden könnte!" Dieses Bedürfnis wurde zu einem Verlangen, das immer noch stärker wurde.

Sollte ich mit meinem Mann darüber reden? Ich wusste: Johannes würde mir geduldig zuhören, geduldig – aber hilflos. Denn er würde mir gerne helfen wollen, aber nicht wissen, wie. Durfte ich überhaupt mit jemand anderem reden als mit ihm? Wir sind doch ein Ehepaar und sollten alles miteinander teilen? Bevor ich mit jemand anderem darüber rede, müsste er es doch wissen, sonst hätte ich ja Geheimnisse mit anderen, die ich ihm vorenthalte – wäre ich dann eine gute Ehefrau?

Aber so weiterleben wollte ich auch nicht. Es musste etwas geschehen! Aber wer würde mich verstehen, mich nicht nur bemitleiden, mich nicht beurteilen, nicht herumpsychologisieren; gab es überhaupt jemanden, der sich für mich interessierte – wirklich interessierte?"

„Oh, das mag ich auch nicht, die Leute, die mit guten Ratschlägen kommen und alles besser wissen. Die meinen es zwar gut und wollen trösten. Aber eine echte Hilfe ist das nicht", Maraike begann zu verstehen, was sich da in mir abgespielt hatte. „Das muss hart gewesen sein. Aber nun erzähle mal: Du hast von Frieden erzählt, den du erlebt hast. Wie kam das, wer hat dir dabei geholfen?"

Damals habe ich angefangen, meine Gedanken zu Papier zu bringen. Schon lange hatte ich kein Tagebuch mehr geschrieben! Dabei schrieb ich so gerne. Aber im Alltag mit vier Kindern hatte ich mir nicht mehr die Zeit genommen, zu Stift und Papier zu greifen. Irgendwann, als das mit den Erinnerungen angefangen hatte, habe ich mal wieder angefangen zu schreiben. Es war jedoch kein Fließtext wie übliche Tagebucheinträge. Es war eher ein Text in Gedichtform. Das half mir, wenigstens auf Papier meine Gefühle auszudrücken.

Erinnerungen

Erinnerungen können so schön sein:
das Lachen, die Wärme, ein wohliges Gefühl.
Ich erinnere mich gerne an die unbeschwerten Tage.
Ich teile sie gerne mit – meine schönen Erinnerungen.

Aber da sind noch andere:
Erinnerungen, die weh tun. Erinnerungen, die ich vergessen will.
Und doch – sie sind da, einfach da – und tun weh!
Ich kann mich nicht wehren, sie kommen wieder, tun so weh!

Die alten Worte dröhnen lange noch im Ohr, stechen mir ins Herz.
Nein, diese Erinnerungen will ich nicht mitteilen.
Ich kann sie nicht mehr einsperren;
will sie nicht in Worte fassen, nicht in gesprochene Worte.

Aber sie wollen raus! Ich schreibe sie nieder,
Papier ist geduldig, es passt viel darauf!
Und wenn ich es zerreiße:
,,ratsch!", sind sie weg, die Worte der Erinnerungen.

Aber nur die Worte – Die Erinnerungen selber sind noch da.
Tief in meiner Seele sind sie noch da,
haben sich eingebrannt – tun so weh!

Wenn es nur ginge, das Schwere, den Schmerz
einfach durch Schreiben loszuwerden: Papier ist geduldig.
Und dann: ,,ratsch!", wären sie weg!

Manchmal stecke ich in den Erinnerungen, erlebe sie wieder,
denke jeden Moment: ,,Jetzt geht`s wieder los!
Gleich passiert mir was!" – ein Schrecken ohne Ende.

Wie schöne Erinnerungen Wärme vermitteln,
guttun, das Gefühl geben: ,,Da will ich sein, da war es schön!" –
Ebenso sehr schmerzen die schlechten,
lassen mich zittern – zittern vor Angst, vor Panik und Schmerz.

Ich will sie abschütteln, löschen. Aber das geht nicht.
Sie nehmen mich gefangen, prägen mein Denken und Tun,
packen mich, ob ich will oder nicht.

Sabine Susanne Maier

Kapitel 4

Das Wagnis zu reden

Gott hatte anscheinend meine Fragen gehört und als Bitte an ihn verstanden. In dieser Zeit hatte ich ein interessantes Gespräch mit Lydia, einer Bekannter aus der Kirchengemeinde. Ein Satz ließ mich aufhorchen: „Als Kind ging es mir auch nicht so gut."

In mir glomm ein Flämmchen auf, ein kleines Flämmchen namens Hoffnung: „Ist da vielleicht doch ein Mensch, der mich verstehen könnte? Jemand, der mir helfen könnte zu verstehen, was da in mir abläuft? Jemand, von dem ich lernen und mit dem ich vielleicht auch beten könnte?"

Aber bis ich einen ersten Schritt wagte, sollte es noch ein Weilchen dauern.

Einmal ging es mir ganz schlecht: „Ich kann nicht mehr! Ich will – nein, ich muss mit jemandem reden und beten, bevor ich vollends durchdrehe!" Sollte ich es wirklich wagen und Lydia anrufen? – Und wieder Mamas Stimme in meinem Ohr: „Du machst dich nur wichtig! Du fällst anderen nur zur Last. Was stellst du dir denn vor? Warum sollte das die anderen interessieren?"

Ich zweifelte an meinem Vorhaben, schob es auf: Nein, ich konnte Lydia nicht anrufen. Aber dann war die Not in mir wieder so groß, so übermächtig. Ich wagte es und nahm allen Mut zusammen: Ich griff zum Telefon.

Wir verabredeten uns und ich ging hin. Eigentlich wollten wir spazieren gehen, aber Lydia fragte: „Sollen wir lieber hierbleiben? Fühlst du dich im Schutz des Hauses wohler?" Das erstaunte mich, es tat mir aber auch gut: Jemand nahm wahr, wie schlecht es mir ging, sah, was ich brauchte – und ging darauf ein! Das gab mir den Mut zu einem weiteren Schritt.

Da saß ich nun bei Lydia, auf dem gemütlichen Sofa mit dem grünen Stoff. Eigentlich war es ein wunderschöner Tag: Die Sonne schien, ich konnte aus dem Fenster weit über die Felder schauen. Vögel flogen darüber hinweg, eine Szene, die ich sonst liebend gerne beobachtete. Aber diesmal konnte ich sie nicht genießen. Nein, ich war zu aufgewühlt und unsicher. Was sollte und was wollte ich hier eigentlich? Ich nahm mir eines der braunen Kissen auf den Schoß und begann, mit den Fingern die schwarzen Samtstreifen nachzuziehen, das lenkte mich ein wenig von meiner Unsicherheit ab. Der Stoff fühlte sich so weich an.

Ich wusste nicht genau, was ich Lydia erzählen wollte. Wo sollte ich anfangen? Sie sollte einerseits das ganze Bild sehen können, andererseits wollte ich ihr nicht die Zeit stehlen! Durfte ich überhaupt von dem erzählen was ich erlebt hatte? Wieder hörte ich Sätze von Mama: „Du machst immer aus einer Mücke einen Elefanten!" – „Übertreib nicht so!" Lydia saß mir geduldig gegenüber, ließ mir Zeit. Irgendwann gab ich mir einen Ruck und begann zu erzählen: langsam, stockend, die Worte sorgfältig wählend:

„Also, ich habe unter meiner Mutter gelitten. Sie hat mich geschlagen, auch mit dem Kochlöffel, wie es ihr gerade passte, sie hat mich geohrfeigt und aufs Übelste beschimpft. Bei ihr wusste ich nie, was als Nächstes kam. Ich hatte keine Ahnung, wo ich grade bei ihr dran war. Sie war extrem launisch – sie sagte etwas und wenn ich es dann machte, war es nicht recht, auf einmal verlangte sie dann etwas anderes, manchmal genau das Gegenteil! Ich weiß, dass sie Probleme mit Alkohol hatte. Ich weiß, dass sie keine schöne Kindheit und Jugend hatte. Sie konnte ja nichts dafür. Und ich weiß auch, dass ich vergeben habe und dass das gilt. Aber warum diese Erinnerungen und das Immer-wieder-erleben? Es ist doch vorbei! Ich weiß nicht mehr weiter. Das macht mich fertig, ich bin so verwirrt!"

Au weia, jetzt hatte ich Lydia mit meinen Worten erschlagen! Zweifelnd, aber auch ein wenig erleichtert, schaute ich sie an.

„Da warst du dir total unsicher, ob du das Richtige getan hattest", warf Maraike ein.

„Ja, da hast du recht, ich wollte mit jemandem reden, aber wusste nicht, ob es richtig war und ob ich verstanden werde", antwortete ich.

Erleichtert sagte Maraike: „Aber endlich hattest du jemanden gefunden, mit dem du reden konntest. Gut, dass ihr euch gefunden habt! Lange hättest du mit diesem Gefühlschaos den Alltag sicher nicht mehr bewältigen können."

„Ich bin selber so dankbar für Lydia, für all die Gespräche, die wir geführt haben! Ich wünsche ihr von ganzem Herzen, dass Gott ihr den Segen, den sie in mein Leben gebracht hat, vielfach zurückgibt!" konnte ich aufrichtigen Herzens sagen.

Lydia gab mir den Tipp, aufzuschreiben, an was ich mich erinnerte. Ich sollte, was mir in den Sinn kam, auf Papier festhalten.

An einem ruhigen Abend – Johannes war auf Geschäftsreise, die Kinder im Bett – fing ich an. Ich hatte Zeit; niemand störte mich; niemand sah meine Tränen. So saß ich da, vor mir einen Block, in der Hand einen Stift. Nur, wo sollte ich anfangen?

Ich weiß nicht mehr, wie genau und wie lange, aber der Stift jagte nur so über die Linien. Das Aufschreiben war einfach – bei den vielen Erinnerungen, die in mir steckten. So, wie die Worte aufs Papier flossen, so flossen auch die Tränen, und immer wieder fiel mir etwas ein – und dann noch etwas … Schreiben war für mich so einfach, viel einfacher als Reden. Es tat gut, den Gedanken freien Lauf zu lassen, nur abgebremst durch das Schreibtempo! Was davon Lydia erfahren sollte, darüber konnte ich später nachdenken.

Mitternacht war längst vorbei, als ich endlich aufstand. Meine Gedanken waren nun sortiert, Erleichterung spürte ich zwar nicht, aber irgendwie wusste ich: Der Anfang war gemacht.

In den nächsten Tagen und Wochen lernte ich, was in meinem Inneren vor sich ging, schriftlich in Worte zu fassen. In diesem Prozess erkannte ich mit Gottes und Lydias Hilfe, dass eine dicke Lüge in mir steckte: Ich glaubte, es wäre ganz und gar nicht recht, so zu fühlen und so zu empfinden und auch noch darüber zu weinen, geschweige denn zu reden.

Weil es längst vorbei war, ich vergeben hatte – durfte ich doch keinen Schmerz mehr haben! Mit mir stimmt etwas nicht!

Ich wollte diese Lüge nicht mehr glauben. Ich erkannte, dass die Tränen zu mir gehörten und dass ich meine Gefühle auch zeigen durfte.

Mama hatte mir beigebracht, meine Gefühle zu verbergen, meine Tränen hinunterzuschlucken. Egal, wie weh die Prügel taten, auf der Haut und in der Seele.

Manchmal konnte ich nicht anders, die Tränen liefen einfach, aber dann schrie Mama mich an: „Mit deinen Krokodilstränen erreichst du nichts, rein gar nichts. Ich werde dich schon lehren, dass du kein Mitleid verdienst! Bilde dir das bloß nicht ein!" Dann setzte es noch mehr Schläge. So lernte ich: Weinen und Tränen zeigen ist schlecht. Tränen muss man sich verkneifen. Mitleid verdiente ich nicht.

„Ja, und dann? Ich meine, du hast mir erzählt, dass du Dinge nicht einfach aus deinem Denken löschen kannst!", jetzt war Maraike neugierig.

„Langsam, eines nach dem anderen. Deine Frage beantworte ich gleich", bremste ich sie erst einmal aus.

Lydia zeigte mir, dass es in Ordnung ist, Gefühle zu zeigen und was ich empfinde, weil ich es so wahrnehme. Das machte mir Mut mich ihr anzuvertrauen, einem Menschen, der mir zuhörte und bei dem ich mich wegen meiner Gefühle nicht schämen musste! Lydia nahm mich ernst mit dem, was ich erzählte. Sie redete es weder klein und unbedeutend, noch redete sie es mir aus.

Ich lernte, dass es in Ordnung ist, Unrecht beim Namen zu nennen.

Heute kann ich nur sagen: Welch eine Lüge! Es tat so gut, sie zu entlarven. Ich konnte Mama vergeben, dass sie mir diese Lügen eingetrichtert hatte. Ich habe mich von der Lüge gelöst und sie Jesus abgegeben. Ich konnte die Wahrheit erkennen und annehmen: Ich darf traurig sein und weinen, wenn der Körper oder die Seele Schmerzen spüren.

Maraike fing an zu strahlen, sie freute sich aus ganzem Herzen für mich: „Wie wichtig doch gute Freunde sind! Du hast erlebt: Freunde sind fürs Leben, weil sie dir weiterhelfen und dich unterstützen!"

Das fand ich auch eine gute Wahrheit!

„Oh, schau mal auf die Uhr, jetzt ist es richtig spät geworden. Wir sind eine große Runde gelaufen. Ich glaube, wir treffen uns dieser Tage nochmal. Dann kannst du mir weitererzählen, was hinter dem steckt, dass du nun wieder die Alte, Fröhliche bist. Obwohl, irgendwie wirkst du befreiter, lockerer als davor. Ich bin gespannt!", beendete Maraike die Hunderunde.

Jeder einzelne Schritt tat gut, egal ob mit Lydia oder mit Maraike: Jeder für sich genommen war ein Teil des Gesamten, Lydia nahm mich an die Hand und zeigte mir einen wunderbaren Weg. Maraike hörte mir zu und half mir dabei, alles in Worte zu fassen und zu begreifen.

Danke für eure Freundschaft!

Nun steht es da

So, nun steht es da.
Viele Worte, viel Schmerz – und jetzt?
Der Schmerz ist noch da.

Warum fällt es so schwer, darüber zu sprechen?
Wo es doch schon geschrieben steht!
Schreiben geht so leicht, aber Reden fällt so schwer.
Warum nur? Sonst rede ich doch auch viel und gern und frei.

Aber hier, bei diesen Themen, da steckt mir ein Kloß im Hals.
Die Worte wollen raus, kommen aber nicht über die Lippen.

Wie viele einsame Tränen noch?
Wann traue ich mich zu reden? Ich habe Angst davor. Warum?
Der Verstand sagt: „Du hast doch nichts zu verlieren."
Aber es fällt so schwer, alles beim Namen zu nennen.
Warum?

Ich weiß: Ich will darüber reden, darüber weinen,
darüber beten – mit einem Du. – Aber …

Hier ist ein Aber! – Warum?
Ich glaube ich weiß den nächsten Schritt,
ich sehe ihn klar vor Augen.
Ist es die Angst, dass, wenn ich alles sage,
dass dann der Schmerz mich übermannt?

Manchmal denke ich: „Stell dich nicht so an!
Es ist vorbei – es ist weit weg!"
Aber dann kommt das dumpfe Gefühl.
Ich weiß nicht, woher und wie. Es ist einfach da.

Warum? Was ist das?

Ich will kein Mitleid. Ich will nur aus der Schleife raus!
Will die Gedanken wieder frei haben
– frei für all das Schöne um mich her!
Den Blick frei haben für die Menschen um mich herum.
Aber ich weiß, das geht erst, wenn die Worte draußen sind,
die Erinnerungen mitgeteilt, die Tränen geweint.

Aber was ist dann? Wie fühle ich mich dann?

Sabine Susanne Maier

Kapitel 5

Alte Narben platzen auf

Das Wetter war wunderschön, so griff ich zum Telefon: „Hey, Maraike, wie sieht es aus? Unser Hund sollte raus und ich brauche Bewegung. Wart ihr schon mit eurem Hund Gassi?"

„Nein, aber eine Hunderunde ist eine gute Idee! Ich komme gleich rüber, dann laufen wir eine Weile. Dann kannst du das Geheimnis deiner Veränderung lüften", kündigte meine Freundin an.

„Ja, ich erzähle dir. Komm aber erstmal rüber."

Eine Weile später liefen unsere Hunde vergnügt neben uns her.

„So, jetzt schieß mal los! Wie das alles kam", Maraike war richtig neugierig.

„Ich habe neulich einen Text geschrieben. Manchmal kann ich es immer noch nicht fassen, dass mich trotz Vergebung diese Erinnerungen so runterziehen", begann ich.

„Dann lass mal den Text hören!"

So las ich ihr das Gedicht „Wunden, zu Narben verheilt" vor.

Wunden, zu Narben verheilt

Kennst du das auch?
Alte, vergessene Wunden, zu Narben verheilt,
brechen auf wie vereiterte Wunden. Aber warum?
Da, wo Vergebung geschehen,
mir von Gott und den Menschen von mir;
ist da noch Restschuld?

Will Gott mir etwas sagen? Was will Gott mir sagen?
Oder kratzt Satan die Narben auf?
Warum kommt es wieder hoch?

Die vielen Bilder aus längst vergangenen Tagen:
Es war einmal, nichts kann es ungeschehen machen!
„Andere haben Schlimmeres erlebt!"
Ich hatte es zur Seite gelegt, abgelegt als „Vergeben!".
Und doch – es ist wieder da! Warum?
Warum schmerzt es wieder aufs Neue? Bin ich der Grund?
Aber ich weiß: Gott hat mir vergeben. Auch ich habe vergeben.

Warum platzen die Narben wieder auf?
Ich kann nichts ändern, es ist geschehen.

Ich kann nichts ungeschehen machen.
Es war halt so, ich habe es akzeptiert.

Aber kann es nicht mal ruhen?
Was nutzt das Sehnen ganz tief innen,
das Sehnen nach perfekter Zeit, das Sehnen nach Gerechtigkeit?

Nichts! Rein gar nichts! Geschehen ist geschehen.
Anderen geht und ging es schlimmer!
Jetzt, im Hier und Heute, geht es mir doch gut!

Aber die Narben, sie platzen wieder auf,
und das tut weh, so weh!
Erlebtes, als Bilder gespeichert, kann ich nicht löschen.
Was mache ich falsch? Wo liege ich verkehrt?
Wo bin ich verkehrt?

Sabine Susanne Maier

Maraike fragte mich: „Was hast du eigentlich immer mit diesem Vergeben? Das sagst du immer wieder und dass alles dadurch gut sein sollte.
Wie muss ich das verstehen?"

„Also, das ist so", versuchte ich zu erklären. „Bisher war ich der Meinung, dass eine Sache erledigt ist, wenn ich aufrichtigen Herzens vergebe. Denn, wenn ich Gott um Vergebung bitte, vergibt er mir und wirft
es mir nicht mehr vor. So sollte es doch auch sein, wenn ich Menschen
vergebe. Aber warum war es damit bei mir in Bezug auf die Erinnerungen nicht erledigt? Ständig habe ich mich das gefragt."

„Also ist beim Vergeben doch nicht alles gut", wunderte sich meine
Freundin, „Das klingt kompliziert ... !"

„Hm, eigentlich nicht. Aber ich will dir erklären, warum es gut war, dass
alle Dinge nochmal ans Licht kamen", setzte ich an.

Ein typischer Spruch: „Wo Menschen sind, da passiert es halt, dass man
einander verletzt!" Ich kannte ihn wohl, hatte ihn oft gehört; aber wie
sehr diese Verletzungen unser Miteinander prägen, war mir nicht bewusst.

In mir tobte ein Kampf zwischen dem, was ich wusste, und dem, was
ich erlebte. Mir war nämlich sehr wichtig, mich an das Vaterunser zu
halten. An einer Stelle heißt es: „Vergib uns unsere Schuld, wie auch wir
vergeben unseren Schuldigern."

Und dazu immer wieder die Frage, warum mich die Erinnerungen so
plagten. Warum war da dieser tiefe Schmerz, obwohl ich von Herzen
vergeben hatte? Ich konnte nichts dagegen tun, sie kamen einfach, wie
und wann sie wollten – die Erinnerungen und der Schmerz taten so
sehr weh und raubten mir die Luft! Jahrelang hatte ich nichts gespürt,
warum war es jetzt auf einmal so heftig?

Aber am schlimmsten war, dass ich deshalb mich selber und meinen
Glauben in Frage stellte – denn, so dachte ich, wenn ich selber vergeben
habe und wenn Gott mir vergeben hat, dann MUSS doch alles erledigt
und abgehakt sein! So steht es in der Bibel und die Bibel sagt doch die
Wahrheit! Ich wollte glauben, was im Brief des Johannes steht:

Wenn wir aber unsere Sünden bekennen,
so ist er treu und gerecht, dass er uns die Sünden vergibt
und uns reinigt von aller Ungerechtigkeit.
1. Johannes 1,9

Ich erzählte Lydia von meiner Verwirrung und wie ich mich selber hasste, weil ich mich für falsch hielt. Sie antwortete mit einem Vergleich:

„Wenn man sich einen Knochen bricht, wächst dieser wieder zusammen und man sagt: „Es ist verheilt.“ Aber manchmal wächst der Knochen schief zusammen. Er ist dann nicht in der Form, wie es gedacht ist, dass man sich unbeschwert bewegen kann. Durch die Fehlstellung kann nun der Knochen auf Nerven drücken. Das ist schmerzhaft.

Genauso ist es, wenn Menschen uns verletzen: Wir vergeben, wir bitten um Vergebung, wo nötig; aber durch das, was wir erlebt haben, ist unser Weltbild in eine Schieflage geraten. Wir nehmen die Welt durch die Brille unserer Verletzung wahr; in uns rumort die Angst, dass es wieder passiert. Davor wollen wir uns schützen. Wir leben mit Fehlhaltungen, mit „Fehlgedanken“ – und nicht mehr in der Unbeschwertheit, die Gott sich für uns wünscht.“

„Aha, ich beginne zu verstehen: Mit diesen Fehlgedanken meint Lydia diese Lebenslügen, von denen du mal gesprochen hast – richtig?“, freute sich Maraike. Es war wunderbar zu sehen, dass meine Freundin nachvollziehen konnte, was ich erlebte!

„Ja, genau“, antwortete ich und erzählte weiter:

„Wenn ein Knochen schief zusammenwächst und dann Schmerzen verursacht, kann ich zum Arzt gehen. Zwar tut der mir dann wahrscheinlich weh, weil er den Knochen vielleicht nochmals bricht, aber er sorgt dann auch dafür, dass der Knochen schön und in der richtigen Stellung zusammenwächst. Wenn er dann verheilt ist und in der Position sitzt, für die er bestimmt ist, schmerzt es nicht mehr: Der Knochen ist geheilt, das Leben wieder unbeschwert! Es kann sein, dass ich wieder die richtige Körperhaltung lernen muss; ich hatte ja versucht, durch Verrenkungen dem Schmerz auszuweichen. Aber der Knochen ist geheilt.

Genauso ist es, wenn ich durch Menschen verletzt wurde: Trotz Vergebung kann da noch Unschönes an bzw. in mir haften – Angst, Selbstzweifel, Hass, Bitterkeit, Lügen und so weiter. Und das tut weh. Ich weiß, wie es hätte sein müssen, aber es ist schiefgelaufen und meine Seele ist verletzt. Meine Lebensweise und das, was ich über mich, andere Menschen oder über Gott denke und das, was ich tue und wie ich denke, entspricht nicht mehr dem, was Gott sich für mich wünscht – ich habe gelernt, mit diesen Fehlgedanken zu leben.

Dieser Vergleich leuchtete mir ein.

Kapitel 6

Wenn Gott spricht

Maraike war neugierig: „Okay, das war der Grund, warum alles hochkam. Aber was ist nun das Geheimrezept, dass es dir wieder gut geht?" So erzählte ich ihr von Lydias Hilfe:

Lydia erzählte mir: „Ich bin seit Jahren ausgebildete Seelsorgerin. Aber ich lerne gerade einen anderen Weg kennen. Wenn du magst, nehme ich dich gerne mit. Bisher suchte ich eher zu erkennen, welche Verletzungen jemand hat und wie er damit fertig werden kann. Aber jetzt lerne ich Gott als jemanden kennen, der tiefer geht. Er geht an die Ursachen und heilt sie. Und zwar so, dass keine Verletzung und der dazugehörige Schmerz zurückbleiben; da bleibt auch keine Narbe zurück. Gott spricht in die Situation hinein, um den Schmerz herauszunehmen, die Verletzung zu heilen.

Es ist ein Weg mit viel Gebet. Mir ist wichtig, dass dir klar ist, dass ich auf diesem Weg selber erst Anfänger bin. Wenn du möchtest, können wir uns gern weiter darüber unterhalten, wir können es aber auch lassen. Es ist deine Entscheidung."

„Wow, ich finde gut, dass jemand so ehrlich ist und zugibt, dass er Anfänger ist. Alle Achtung", staunte Maraike.

„Hm, da hast du recht, Maraike. Lydia erzählte so begeistert von dem, was sie da kennengelernt hatte, dass ich neugierig wurde. Außerdem wollte ich Hilfe!", musste ich zugeben.

Das hörte sich gut an – die Verletzungen und die Schmerzen loswerden, das wollte ich! Unbedingt! In meinem Herzen wusste ich, dass der Schlüssel im Gebet lag, auch wenn es bisher nicht geholfen hatte. Was Lydia sagte, passte zu meinem Verlangen und zu meiner Situation. Also beschloss ich, mich weiterhin mit ihr zu treffen, es zu wagen, auch wenn ich mit ihr darüber reden musste, wie es mir ging. Das musste ich in

Kauf nehmen. Ja, das war genau das Richtige! Die Hilfe, die ich mir ersehnt hatte!

Ziemlich am Anfang unseres Weges zeigte Lydia mir einige Bibelverse, die mir richtig lieb wurden:

> *Der Geist des HERRN, des Herrschers, ist auf mir,*
> *weil der HERR mich gesalbt hat,*
> *den Armen frohe Botschaft zu verkünden; er hat mich gesandt,*
> *zu verbinden, die zerbrochenen Herzen sind,*
> *den Gefangenen Befreiung zu verkünden*
> *und Öffnung des Kerkers den Gebundenen,*
> *um zu verkündigen das angenehme Jahr des HERRN*
> *und den Tag der Rache unseres Gottes,*
> *und um zu trösten alle Trauernden;*
> *um den Trauernden von Zion zu verleihen,*
> *dass ihnen Kopfschmuck statt Asche gegeben werde,*
> *Freudenöl statt Trauer*
> *und Feierkleider statt eines betrübten Geistes,*
> *dass siegenannt werden „Bäume der Gerechtigkeit",*
> *eine „Pflanzung des HERRN" zu seinem Ruhm.*
> *Jesaja 61,1–3*

Diese Verse gaben mir Hoffnung, dass ich aus den trüben Gedanken und Erinnerungen tatsächlich wieder herauskommen könnte. Dass all die Tränen der Angst, Panik und Verzweiflung irgendwie zur Freude werden würden, ja, das wollte ich glauben und auch erleben.

Die Verse gaben mir Mut, mich von einem Menschen auf dem Weg der Heilung begleiten zu lassen.

Maraike wurde langsam ungeduldig: „Kommt jetzt endlich das Geheimrezept?"

„Nun ja, ein Rezept ist es nicht, weil jedes Gebet anders verläuft. Aber jetzt kommt etwas, worüber ich selber immer wieder staune", antwortete ich.

Lydia zeigte mir eine Gebetsform, die für mich neu war: Ich sollte über alles reden, aber nicht als Anklage für ihre Ohren, sondern ich sollte mit Gott darüber reden und dann auf Ihn hören, das heißt: mir von Ihm zeigen lassen, was Er darüber denkt.

Das war für mich befremdend. Ja, ich wollte mit Gott darüber reden, denn Gebet gehört für mich zum Glauben wie das Atmen zum Leben. Bisher hatte ich unter Gebet verstanden, dass ich Gott etwas sage. Aber dass Gott mir ganz konkret Antwort gibt, was Er dazu meint – das war neu für mich.

„Moment, heißt das, dass du vor deiner Depression nicht so richtig an Gott geglaubt hast? Du hast gesagt, dass du auch gezweifelt hast. Liegt das daran? Aber wie gibt Gott Antwort? Was du erzählst, ist spannend, aber wirft viele Fragen auf!", gestand mir Maraike.

Ich musste antworten: „Ich habe davor auch ehrlichen Herzens geglaubt. Aber es war einfach anders. Wenn man an Gott glaubt, lernt man immer mehr dazu. Es ist ein Wachstum im Glauben. Ich versuche, es dir zu erklären:

Ich hatte vorher auch erlebt, dass Gott redet; aber für mich geschah das Reden Gottes zu mir, wenn ich in der Bibel las, wenn ich fragte: „Was sagt die Bibel dazu?", und mir dann als Antwort ein Bibelvers ins Auge sprang. Aber dass Gott direkt mit mir und zu mir redet?

Nun gut, ich wollte mich darauf einlassen. So lernte ich durch Lydia den Bethel SOZO-Gebetsdienst kennen.

SOZO ist ein griechisches Wort. Es steht im Neuen Testament immer dann, wenn von Heilung, Errettung oder Erlösung die Rede ist. Und damit steckt SOZO das Ziel: Heilwerden. Dieses Heilwerden geschieht in einer Begegnung mit Gott.

Ich gab Lydia die Erlaubnis, mich in diese Art von Gebet zu führen[2]:

Ich kann mich noch sehr gut erinnern, wie Lydia und ich auf unserem schwarzen Ledersofa im Wohnzimmer saßen, weil wir schon eine Weile dasaßen und ich eine kurze Hose anhatte, spürte ich das Leder nicht mehr kalt an den Beinen. Es war inzwischen warm geworden. Draußen schien die Sonne. Aber das war unbedeutend, denn: Ich hatte anderes im Sinn, als mich an dem schönen Wetter zu freuen. Ich zog meine Knie an den Körper, umklammerte sie mit meinen Händen und legte das Gesicht auf die Knie; das passte genau zu dem, wie ich mich gerade fühlte: schutzbedürftig.

Lydia schlug mir vor: „Frage mal Jesus, ob Er dir eine Situation zeigt, in der du Schutz gebraucht hast."

In mir ging ein Sturm von Gedanken los: „Da gibt es so viele Situationen. Wie soll ich mich denn da auf eine einzige beschränken? Ich habe mich ständig schutzlos und alleine gefühlt! Nun soll ich mir eine raussuchen? Aber nein, Moment – ich soll ja Jesus fragen … ."

Ich war es gewohnt, mit Jesus zu reden, Ihm zu sagen wie es mir geht und was ich mir wünsche. Aber Jesus so zu fragen wie ein Gegenüber im Raum, und eine direkte Antwort zu erwarten – das war mir neu und kostete mich Überwindung. Nach einigem Zögern entschied ich mich zu fragen: „Jesus, zeige mir bitte eine Situation, in der ich Schutz gebraucht habe." Sofort sah ich mich, wie ich als Kind in meinem Bett lag und weinte. Ja, das war mein Zimmer. Ich lag in meinem Hochbett und ließ den Tränen freien Lauf: pure Verzweiflung. Wieder war ein Tag vorbei, an dem Mama mich beschimpft und verprügelt hatte. Wieder ein Tag, an dem ich mit dem Schmerz alleine war. In meinem ganzen Leid achtete ich darauf, dass ich keinen Ton von mir gab. Meine Zimmertür stand offen, Mama hätte mich hören können. Ich wollte nicht wieder eine Schimpftirade über mich ergehen lassen, weil ich eine Heulsuse war. Ich kroch unter meine Bettdecke, damit keiner hören konnte,

---

[2] Hier erzähle ich, wie ich selbst SOZO kennen gelernt habe. Eine ausführlichere Erklärung zu Bethel SOZO befindet sich im Anhang.

wenn ich die Nase putzte. Die pure Verzweiflung kroch auch jetzt als Erwachsene in mir hoch.

Damit hatte ich nicht gerechnet, in so eine Situation hineinzuschauen. Ich hätte mir eine ganz andere ausgesucht. Eine, in der mich Mama geprügelt und beschimpft hatte.

Aber tief in mir wusste ich, dass es so in Ordnung war.

Ich beschrieb Lydia das Bild, das ich sah. Sie schlug mir vor: „Frage Jesus mal, wo er in deinem Zimmer war, als du dich damals so alleine gefühlt hast."

Das kam mir komisch vor. Was sollte ich? Jesus fragen wo Er war? Ich kannte Jesus damals doch noch gar nicht! Trotzdem entschied ich mich, Lydia zu vertrauen und zu fragen: „Jesus, wo bist du damals in meinem Zimmer gewesen?" Und tatsächlich, ich sah, wie da neben meinem Bett eine helle Gestalt stand. Ich wusste: Das ist Jesus. Er streichelte über der Stelle, wo die Decke über meinem Kopf lag. Das spendete dem weinenden Mädchen, das ich damals war, Trost – Trost, den ich brauchte. Ich war überwältigt. Ich sah auch, dass ich wie jeden Abend, nachdem meine Tränen versiegt waren, das Vaterunser betete.

Wieder erzählte ich Lydia, was ich gesehen hatte. „Sage Jesus doch Danke, dass er schon damals bei dir war. Auch wenn du Ihn nicht kanntest."

Das tat ich. Danken war mir vertraut. Ich hatte ja ein dankbares Herz. „Danke, Jesus, dass Du auch damals schon bei mir warst. Danke, dass ich nachts schlafen konnte. Danke, dass Du da warst." Kaum hatte ich mit Danken begonnen, änderte sich die Stimmung in dem Bild. Die Verzweiflung des weinenden Mädchens, das ich damals war, ging weg und ich spürte einen tiefen Frieden. In dem Bild und auch in meinem Herzen als Erwachsene.

Wow, das war ein wunderbares Erlebnis! Ich hatte erlebt, wie Jesus in eine längst vergangene Situation eingreift und mir zeigt, dass Er damals schon bei mir war und mir Trost gespendet hatte. Ich begriff, wie das Beten des Vaterunsers meine Seele beruhigte, so dass ich selbst im größten Kummer schlafen konnte. Ich war überrascht, überwältigt und begeistert!

„Ist ja unglaublich!", staunte meine Freundin. Wenn es nicht du wärest, die das erzählt, würde ich es nicht glauben. Aber bei dir spüre ich, dass da etwas dran ist. Etwas, das ich nicht erklären kann, das aber doch Wahrheit ist."

„Ich glaube, ich weiß, was du meinst. Auch wenn ich fest im Glauben stehe, kann ich nicht alles erklären, manches kann ich einfach nur so nehmen wie ich es erlebe. Aber eines weiß ich: Es tut so gut, das zu erleben! Aber es ging noch weiter."

Lydia meinte: „Kannst du aus der Sicht des kleinen Mädchens vergeben?"

Ich antwortete: „Ich habe Mama doch schon vergeben, dass sie gemein zu mir war!"

„Hör dir das mal an, hast du schon einmal so vergeben?", wandte Lydia ein. „Stell dir vor, deine Mama steht vor dir und du sprichst direkt zu ihr. Mama, ich vergebe dir, dass du mich alleine gelassen hast. Ich vergebe dir, dass du mich zum Weinen gebracht hast."

„Hm, so habe ich noch nie vergeben. Ich probiere es", entgegnete ich und probierte aus, mir es so vorzustellen und zu sagen: „Mama, ich vergebe dir, dass du mich alleine gelassen hast, dass du mich zum Weinen gebracht hast." Und tatsächlich, es veränderte sich nochmal etwas: Das kleine Mädchen konnte lächeln und spürte noch tieferen Frieden in sich. Aber nicht nur sie, sondern auch ich selber als Erwachsene.

Nachdem ich vergeben hatte, forderte Lydia mich auf: „Frage Jesus jetzt, ob du angefangen hast, eine Lüge zu glauben."

Ich tat es, auch hier habe ich eine Antwort erhalten und erzählte es Lydia: „Ich bin es nicht wert, getröstet zu werden. Keiner kümmert sich um mich." Lydia meinte: „Probiere, sie an Jesus abzugeben; in etwa so: Jesus, ich gebe Dir die Lüge, dass ich es nicht wert bin, getröstet zu werden und dass sich keiner um mich kümmert."

Gesagt, getan, ich gab Jesus die Lüge und ließ sie los. Es fühlte sich an, als habe ich ein Seil festgehalten und dann losgelassen.

Lydia hatte noch einen Vorschlag: „Frage Jesus: Was ist die Wahrheit?"

Ich fragte und staunte, denn Jesus sagte: „Ich war immer bei dir und habe gewacht, dass du schlafen konntest und in der Nacht keine schlechten Träume hattest. Ich habe Engel als Schutz um dein Bett gestellt."

Wow, das war ein spannendes Gebet! Ich konnte wirklich Gottes Stimme hören!

„Es klingt so unglaublich. Aber du hast es mir erzählt und ich sehe: Die Veränderung ist da. Jetzt muss ich das alles überdenken und sortieren. Ich freue mich auf die nächste Hunderunde, tschüss!", verabschiedete sich Maraike.

Kapitel 7

Vergebung: ein starkes Stück

„Hey, Maraike, ich habe meinen Haushalt auf Vordermann gebracht. Wie sieht es bei dir mit einer Hunderunde aus?", fragte ich Maraike am Telefon. „Hm, in drei Stunden sollte ich selber auch fertig sein. Ist das gut?", schlug Maraike vor. „Ja, klar, dann kann ich sogar noch ein Mittagsschläfchen halten", freute ich mich.

Maraike legte noch nicht auf, sie hatte noch ein Anliegen: „Übrigens, beim Nachdenken bin ich an etwas hängen geblieben: Du erzählst immer wieder von Vergebung, und dass du schon vergeben hast, aber dann doch nochmal vergibst. Ist das nicht eine Endlosschleife?"

„Hm, ja, dann lass uns nachher nochmal darüber reden", entgegnete ich.

„Okay, bis später dann!"

Als Maraike kam, wollte sie es unbedingt wissen: „Jetzt bin ich aber mal gespannt, was es mit der Vergebung auf sich hat!"

Kennst du das, wie schnell ein „Entschuldigung" oder „Sorry" über die Lippen geht? Meist dann, wenn man etwas aus Versehen getan hat, jemanden angerempelt oder auf dem Fuß gestanden hat. Man will das Unrecht sozusagen nicht länger im Raum stehen lassen. Schon in jungen Jahren lernen wir, uns für solche Dinge zu entschuldigen. Als Antwort kommt ein „Ist schon gut, war nicht schlimm", und schon ist die Sache aus dem Weg. Es bleiben weder Groll noch Ärger zurück.

In einem SOZO zeigt Gott immer wieder Situationen, in denen ich verletzt wurde. Ich kann hier ganz konkret Vergebung aussprechen für das, womit mich die andere Person verletzt hat. Das ist ganz anders als ein „Ich vergebe ihr alles", weil es genau diese Verletzung trifft.

Aber manchmal ist es gar nicht leicht, sogar sehr schmerzhaft, anzuschauen, was mich verletzt hatte. Ich habe oft erlebt, dass es mir oft schwer – sehr schwer – fiel, konkret Vergebung auszusprechen, wenn der Schmerz tief in der Seele saß. Manchmal reagierte sogar mein Körper, indem er sich verkrampfte.

Denn wenn ich vergebe, heißt das: Ich entscheide mich dazu, jedes Recht auf Rache und Vergeltung sowie alle Anschuldigung loszulassen! Berechtigte Gründe für all das gäbe es wahrlich eine Menge … .“

„Naja, aber ich finde, es ist verständlich, dass man, wenn man so tief verletzt wird, dann wütend ist und auf Rache sinnt, zumindest den anderen beschuldigt. Wie du sagst, das ist gerechtfertigt!“, stellte Maraike für sich fest.

„Genau das meine ich“, fuhr ich fort.

Aber wenn ich vergebe, heißt das nicht, dass ich dem anderen Recht gebe. Ich muss nicht dicke Freund mit ihm werden. Ich muss mir so etwas auch nicht nochmal gefallen lassen. Es geht darum, dass ich in meinen Gedanken frei werde. Denn, wenn ich mich mit Rache und Anschuldigungen beschäftige, nimmt dies meine Gedanken gefangen. Mit der Zeit werde ich verbittert. Manchmal fange ich an zu hassen. Mein Blick für schöne und wichtige Dinge wird getrübt, ich fange an, die Verletzung wichtiger zu nehmen als alles andere – sogar Gott gerät aus meinem Blickfeld und aus meinem Denken.

Darum die Vergebung. Ich will nicht, dass etwas zwischen Gott und mir steht. Auch was zwischen Menschen und mir steht, möchte ich weghaben. Man kann das Wort im Neuen Testament, das dort für vergeben steht, auch mit wegschicken, entlassen und erlassen übersetzen.

Es tut so gut, nach der Vergebung auch den Schmerz an Gott abzugeben, zu sehen, wie er dabei hilft, durch diesen Prozess zu gehen, und zu erleben: „Ich bin nicht allein, ich habe einen Gott, der mich versteht!“

Ich weiß immer noch, was geschehen ist – ich habe keinen wundersamen Gedächtnisverlust erlitten. Aber ich kann jetzt darüber reden, ohne dass es in der Seele weh tut! Das ist so viel besser, als mit dem Schmerz zu leben.

Und ich kann sogar Erbarmen mit denen haben, die mir etwas angetan haben. Ich kann sie segnen. Es ist eine wunderbare Erfahrung, dass ich statt zu verdammen segnen kann.

Es ist ganz anders als vorher. Früher sagte ich immer: „Ich weiß, dass Mama eine schwere Kindheit und Jugend hatte. Das erklärt ihr Verhalten. Sie hat es so gelernt und aus ihren Erfahrungen Schlüsse gezogen." Früher wollte ich meine Mutter rechtfertigen und Verständnis wecken. Gewiss, ich weiß immer noch, dass die Vergangenheit eines Menschen sein Verhalten prägt; aber egal, was der andere erlebt haben mag, er hat mir Unrecht getan und mir Lügen beigebracht und deshalb lebe ich nicht so, wie Gott es sich für mich gedacht hat. Aber das muss und soll nicht so bleiben, ich darf es vor Gott bringen. Ausdrücklich – „das Kind beim Namen nennen". Ich darf zu meinen Gefühlen und dem Verletztsein stehen.

Die quälende Frage „Was habe ich falsch gemacht? Habe ich doch nicht richtig vergeben?" ist nun ausgetauscht gegen die Frage: „Habe ich etwas gelernt, was nicht den Gedanken Gottes entspricht? Ich will es loswerden! Was kann ich ganz konkret vergeben? Was kann ich für mein Leben jetzt daraus lernen?"

Ich genieße es nun wieder, meine Abenteuerlust auszuleben und zu reisen. Ich liebe es, offen für Neues zu sein oder Träumen nachzugehen.

„Ja, das merke ich. Du bist ab und zu unterwegs, viel unternehmungslustiger als früher. So viele Hunderunden waren da nicht drin. Überhaupt wirkst du viel unbeschwerter", meinte Maraike

„Ja, das ist die Auswirkung der Vergebung: Eine Last ist genommen, an der ich schwer getragen habe", freute ich mich. Es war schön, verstanden zu werden und zu erzählen was ich erlebt hatte, mich noch einmal darüber zu freuen. „Aber es gibt noch etwas ganz Wichtiges, was zu einem SOZO-Gebet gehört: Ich frage Gott auch, was ich in diesem Erlebnis angefangen habe zu glauben. Das sind dann diese Lügen, die falschen Denkweisen … .“

„ … wie falsch zusammengewachsene Knochen“, ergänzte Maraike.

„Wenn ich beispielsweise ständig höre: „Du musst dir erst etwas verdienen!“, dann fange ich vielleicht an, das zu glauben. Dieser Satz lässt mich dann denken, dass ich wertlos bin und dass das, was ich sage oder tue, nichts zählt. Ich lebe mit einem geringen Selbstwertgefühl und bin eingeschüchtert. Ich kann meine Gaben und Fähigkeiten, die Gott mir gegeben hat, nicht ausleben, Darum ist es wichtig, dass Gott mir zeigt, welcher Lüge ich glaube. Diese Lüge gilt es, an Gott abzugeben und von ihm die Wahrheit zu erfahren. Diese Wahrheiten helfen mir dann in Alltagsituationen, dass ich nicht in mein altes Verhalten und Denken falle.“

„Das klingt irgendwie abstrakt!“, meinte Maraike.

„Ich will dir etwas erzählen, was ich erlebt habe, wo ich die Veränderung in mir gespürt habe.“

„Jetzt erzähl schon, was hast du erlebt?“, Maraike platzte fast vor Neugier.

„Ich habe dir erzählt, wie viel es mit mir gemacht hat, immer und immer wieder Dinge zu hören, die mich schlecht machten. Ich habe diese Lügen geglaubt.“

„Ja, ich finde es so unglaublich, dass Worte solch einen Einfluss haben. Welche Erinnerung ist dir dazu gekommen?“, meine Freundin konnte es kaum aushalten.

Aber ich wollte sie nicht länger warten lassen. Es musste einfach raus:

„Ich habe mich neulich mal hingesetzt und hatte Lust zu schreiben. Ich habe meinen Gedanken und dem Stift freien Lauf gelassen. Dabei ist ein Gedicht mit dem Titel „Worte“ entstanden. ich muss gestehen, dass mir dies Gedicht gefällt.“ Ich las es Maraike vor.

Worte

Worte, schnell gesagt,
Worte, wie Federn im Wind.
Worte, einmal gesagt,
kannst du nicht mehr festhalten,
kannst du nicht mehr einfangen,
kannst du nicht mehr zurückholen!

Worte, hast du sie gehört,
können verletzen.
Treffen dich tief drinnen,
brennen in deine Seele sich ein.
Zerstören, was du geglaubt.
Lassen dich glauben, was nicht wahr ist.

Worte sind so schnell gesagt!
Kannst du sie wieder einsammeln?
Weißt du, wo sie hingeflogen?
Worte – wie Federn im Wind.

Aber es gibt auch Worte, die guttun.
Freundliche Worte, aus Liebe gesagt,
tun der Seele so gut!
Freundliche Worte, sie bauen dich auf!

Egal wo du sie streust,
die freundlichen Worte sind recht – an jedem Ort,
und tun der Seele so wohl!

Überlege dir gut, welche Worte du gebrauchst:
Worte, die zerstören?
Oder: Worte, die gut tun, die heilen!

Sabine Susanne Maier

„Mir gefällt es auch. Ich kenne das: Wie schnell sage ich etwas und bereue es hinterher. Es ist weise, erst zu überlegen und dann zu reden.", meinte Maraike. „Wie geht es weiter? Hast du Jesus gefragt, was es mit Worten auf sich hat? Komm schon, das war noch nicht alles!"

Ich konnte ihr nur recht geben: „Hey, warum kennst du mich so gut?

Durch das Gedicht hat mir Gott gezeigt, wie wichtig Worte sind. Natürlich wusste ich vorher schon, dass Worte verletzen können, und ich hatte fest beschlossen, dass ich niemanden beschimpfen, nicht schlecht über andere reden will. Aber durch dieses Gedicht bin ich an einen Punkt gekommen, an dem ich nicht nur mit dem Verstand erfasst habe, was Worte bedeuten können, sondern es auch mit dem Herzen begriffen habe.

Meine Mama beschimpfte mich oft, schrie mir Lügen ins Ohr. Manchmal prügelte sie diese Worte geradezu in mich hinein: Sie schlug mich im Rhythmus ihrer Worte. Die Schläge haben sozusagen die Worte in mein Denken eingebläut – meine Sicht von mir selber geprägt.

Ein Ausdruck saß besonders tief, mit dem Mama mich oft beschimpfte. In einer Gebetszeit hat Gott mir ganz konkret solche Situationen gezeigt:

Da stand ich, die Schultern hängend, den Blick nach unten. Mama vor mir – groß und mächtig –, einen Satz nach dem anderen in mich hineinprügelnd: „Du bist ein Miststück!" „Du bist nicht mehr wert als ein Haufen Scheiße!" – und Ähnliches.

Nun zeigte mir Gott, wie das Wort „Sch …" mich prägte und wie sehr diese Worte mein Selbstwertgefühl zerstörten: Ich hielt nicht viel auf mich und meine Bedürfnisse; was ich sagte und tat, schien wirklich belanglos, für andere uninteressant zu sein. Eben: wertlos und unnütz wie Sch … .

Gott hat mir erklärt, wie es dazu kam: Ich wusste, wie eklig Sch … ist – niemand will sie behalten, geschweige denn anfassen. Jeder will sie einfach nur loswerden.

Wie oft kam es vor, dass jemand „Sch …" sagte, weil etwas nicht klappte – und wann immer ich dieses Wort hörte, verkrampfte sich etwas in mir; innerlich zog ich den Kopf ein, denn, richtig, das war ja ich. In mir hörte ich die wohlvertrauten Worte: „Du bist Sch … !"

Meinem Verstand war sehr wohl klar, dass in diesem Zusammenhang nicht ich gemeint war. Aber da war ja noch die verletzte Seele. Die ging zurück in das, was ich erlebt hatte, und ließ mich klein werden – und den anderen so mächtig mit seinen Worten. Ich duckte mich innerlich und zog mich zurück, ja, fragte mich sogar: „Was habe ich falsch gemacht?" Das hatten mich diese Schimpfworte gelehrt, so sehr hatten sie mein Denken geprägt.

Aber Gott wollte nicht, dass es so bleibt. Er führte mich im Gebet durch einen heilsamen Prozess. Als ob Mama vor mir stünde, konnte ich sagen: „Ich vergebe dir, Mama, dass du mich als Scheiße bezeichnet hast."

Ich gab es in Gottes Hand, in seine Verantwortung, und ließ los: „Gott, ich gebe dir die Lüge ab, ich wäre ein Stück Sch … , das man nur loswerden will. Ich lasse diese Lüge los. Ich gebe sie in deine Hand und trenne mich von dem Einfluss, den sie auf mein Leben hatte. Sie darf mein Denken und Handeln nicht mehr bestimmen."

Wie ich es gelernt hatte, fragte ich Gott direkt nach der Wahrheit, damit nicht wieder eine falsche Denkweise entsteht. Seine Antwort: Er sieht in mir einen Diamanten – wertvoll!

Einige Zeit später kamen das Training und der Test, ob ich es auch verstanden hatte und wirklich glaubte, dass ich wertvoll bin: Jemand hatte eine Flasche Olivenöl vom Tisch gefegt und machte seinem Ärger Luft mit einem mehrfachen, deutlichen und lauten „Sch … !". Es war mir unangenehm, vor allem, weil es sehr laut ausgerufen wurde, ohne Schalldämpfer. Aber dann bemerkte ich, dass sich in mir etwas verändert hatte:

Diesmal blieb mein Inneres locker, ich zog innerlich nicht den Kopf ein, fühlte mich dem anderen gegenüber auch nicht klein. Ich bezog den Ausruf nicht mehr auf mich!

Ja, Vergebung ist „ein starkes Stück" – die, die ich Mama gegenüber ausgesprochen habe. Ich weiß nun, dass ich wertvoll bin. Kommt mal ein Anflug des Wertlosigkeits-Gefühls, sage ich: „Gott sieht in mir einen Diamanten!", und danke Ihm dafür.

Ich fühle mich immer noch nicht wohl, wenn jemand Schimpfwörter gebraucht, und ich denke, das sollte auch nicht sein. Ich selber will auch keine sagen. Aber wenn ich welche höre, krampft sich in mir nichts mehr zusammen. Ich nehme es nicht mehr persönlich, kann locker bleiben.

Dafür bin ich Gott so dankbar!

In diesem Prozess wurde mir bewusst, dass ich meine eigenen Kinder zwar deutlich weniger beschimpft habe, aber ich hätte ihnen viel mehr Ermutigung mitgeben können.

Natürlich will ich sie auch auf Fehler hinweisen; natürlich will ich ehrlich sein und ihnen nicht ein X für ein U vormachen. Doch möchte ich sie viel lieber ermutigen und ihre guten Seiten fördern; da habe ich noch einiges zu lernen.

Als meine Kinder klein waren, wollte ich verhindern, dass sie eingebildet und hochmütig werden, und deshalb auf keinen Fall zu viel Lob und Anerkennung austeilen, sondern lieber sparsam damit umgehen. Bis heute fällt es mir gerade in der engen Familie immer noch schwer, das Gute am anderen hervorzuheben. Aber auch hier bin ich am Lernen und freue mich immer, wenn Gott mich darauf hinweist: „Sage doch auch mal wieder Danke für das, was du an deinem Mann und deinen Kindern hast. Und vor allem: Sage es ihnen direkt! Sage ihnen direkt ins Gesicht, was dir an ihnen besonders gefällt!"

Zu dem Thema „Worte, die verletzen" gibt es auch eine Bibelstelle, die mich immer wieder beschäftigt:

So ist auch die Zunge ein kleines Glied
und rühmt sich doch großer Dinge.
Siehe, ein kleines Feuer – welch großen Wald zündet es an!
Und die Zunge ist ein Feuer, eine Welt der Ungerechtigkeit.
So nimmt die Zunge ihren Platz ein unter unseren Gliedern;
sie befleckt den ganzen Leib und steckt den Umkreis des Lebens
in Brand und wird selbst von der Hölle in Brand gesteckt [...]
die Zunge aber kann kein Mensch bezwingen,
das unbändige Übel voll tödlichen Giftes!
Jakobus 3,5–8

„Wenn du das so erzählst, bekomme ich eine Gänsehaut. Und was mich mal wieder erstaunt, dass du mit deinem Glauben so etwas erlebst. Unglaublich, dass sich so vieles, was du erlebst, mit Bibeltexten deckt. Ich verstehe immer mehr, warum die Bibel für dich mehr und mehr ein Alltagsbuch wird", staunte Maraike.

„Ja, die Bibel ist für mich ein Buch für den Alltag, in der Gott ebenso redet wie im Gebet", konnte ich nur zugeben. „Ich kann dir noch ein Erlebnis erzählen, bei dem ich eine Veränderung in mir bemerkt habe."

Es war ein schöner Tag, ich war mit meiner Freundin Sonja einkaufen. Wir genossen die Zeit miteinander – und dann krachte es. Nein, nicht zwischen uns beiden, sondern ich fuhr aus der Parklücke und hatte ein anderes Fahrzeug übersehen, das auch gerade seinen Stellplatz räumte und mich nicht bemerkt hatte. „Bumm!" Beide Autos hatten einen kleinen Blechschaden. Echt ärgerlich! Noch ärgerlicher: Der andere Autofahrer gab mir die alleinige Schuld, aber erstaunlicherweise blieb ich ruhig und wies diese Behauptung zurück. Wir waren beide aufeinander zugefahren.

Als die Polizei kam und unsere Aussage aufnahm, staunte ich noch mehr: Da stand der Polizist vor mir in seiner blau-grauen Uniform, ein stattlicher Mann und einen halben Kopf größer als ich. Der andere

Autofahrer beschuldigte mich, ich wäre der alleinige Verursacher – aber ich konnte aufrecht dastehen, ohne eingeschüchtert oder sauer auf mich zu sein. Klar und deutlich konnte ich meinen Standpunkt formulieren und blieb dabei ganz ruhig.

Sonja staunte hinterher: „Ich bewundere dich, dass du da so ruhig und gelassen bleiben kannst."

Ich musste selber staunen. Denn bisher war es für mich normal, dass ich mich in solchen Situationen am liebsten in eine Ecke verkrochen hätte, es wäre mir so peinlich gewesen, ich hätte mich wegen meines Fehlers selbst gehasst. Dass das nun anders ist, das liegt wohl daran, dass Gott so viel in mir geheilt hat.

Es tat so gut, diese Veränderung wahrzunehmen und zu sehen, dass ich mich auch nicht selber anklagte.

Für manch einen mag dies eine Kleinigkeit sein. Aber für mich war es ein enormer Fortschritt; dieser Vorfall hat mir gezeigt, wie mein Selbstvertrauen inzwischen gewachsen war.

„Wow, am liebsten würde ich noch mehr davon hören. Aber es ist spät geworden. Also, bis zur nächsten Hunderunde, tschüss!", verabschiedete sich Maraike.

Kapitel 8

Zwiebelschälen

Eine Hunerunde mehr, bei der ich Maraike erzählte.

„Wie geht es dir? Alles in Ordnung?", wollte Maraike wissen.

„Hm, wenn ich sage, dass alles klar ist, würde ich lügen. Aber eines stimmt: Es ist so viel ruhiger in mir mit meinen Gefühlen als vor einem Jahr! Nur weiß ich auch, dass da in meiner Seele noch so mancher Schmerz ruht ...", antwortete ich.

„Oh, du Arme. Ist denn kein Ende in Sicht? Ich meine, das ist doch sicherlich schwierig, wenn dir ständig eine neue Erinnerung einfällt!", bekundete meine Freundin ihr Mitleid.

„Einerseits ist es irgendwie schwierig. Aber ich kann inzwischen viel besser damit umgehen, wenn mir wieder etwas einfällt. Ich habe gelernt. Es tut gut zu sehen, wie es weitergeht, ohne einfach zu schlucken oder es wegzureden. Aber ich kann dir erzählen wie es zu dieser Sicherheit kam:"

Der nächste Vormittag bei Lydia rückte näher und ich wusste nicht so recht, ob ich mich darauf freuen sollte oder ob ich enttäuscht war. Hörte es denn nie auf? Wenn ich mich verabschiedete, fühlte ich mich wie ein neuer Mensch, alles war gut, ich freute mich an Gott und an der Welt – aber schon bald kam mir wieder eine Situation hoch, ein Gedanke, eine Erinnerung, die mich verzweifeln ließ. Ich war den Tränen nahe. Wie beim Zwiebelschälen – dieses Bild passte gleich in mehrfacher Hinsicht! Es ging immer eine Schicht tiefer.

Es tat mir so gut, bei Lydia zu sein. SOZO fand ich eine großartige Sache. Ich lernte eine Menge, trotzdem ging mir manchmal die Puste aus.

Immerhin hatte ich ein Haus zu versorgen und Mann und vier Kinder, die mich forderten!

Dabei war es früher so einfach – ich musste nur „den richtigen Knopf drücken", die Gedanken zur Seite schieben, dann lief alles wie gewohnt: Das Haus war sauber, die Familie versorgt.

„Hm, klingt das nach einem Zwiespalt zwischen dem, was du bisher kanntest und gelebt hast, und dem, was du jetzt als gut erlebst und dem, was dir gut tun würde?", fragte Maraike.

„Ja, das ist eine gute Bezeichnung dafür. Hey, danke dafür, es so in Worte zu fassen!", ich staunte, wie sie den Nagel auf den Kopf traf. „Ich habe es in einem Gedicht zusammengefasst:"

SOZO – es war so schön:

In Gottes Gegenwart einfach so zu sein,
wie ich bin, darin zu verweilen.
Gottes Frieden kennenzulernen.
Die Wärme im Herzen zu spüren.
Eine Wärme, die stärker war als das Chaos und die Verwirrung.
Eine Wärme, die sich im ganzen Körper ausbreitete.
So schön, wieder klar zu denken
und mich auch wieder freuen zu können.
Einfach ohne Angst zu sein!

Aber gerade, wenn ich dachte: „Jetzt ist es erledigt", kam mir wieder etwas in den Sinn, was mich gefangen nehmen wollte. Also weiter Zwiebel schälen. Manches Mal herrschte in mir eine wilde Unruhe, die mir den Frieden Gottes raubte. Wie immer, wenn neue Fragen auftauchten, konnte ich es zunächst irgendwie nicht greifen.

Warum vergesse ich den Satz *„Herr, mach du!"* so schnell?

Herr, warum?

Herr, warum? Warum so viel?‘‘

So schreit es in mir.
Ich weiß, es geziemt sich nicht, Gott anzuklagen.

Herr, ich fühle mich so klein,
zu schwach für all die Probleme!
Manchmal ist mir, als müsse ich zusammenbrechen.
Ich habe Angst, nicht mehr zu können.

Und dennoch:
Ich fühle mich so eng verbunden,
mit dir so tief verbunden wie noch nie!
Doch dann ist es wieder so viel.
Es überrollt mich.

Herr, du siehst: Ich will – aber ich kann nicht.
Ach Herr, wie lange noch?!
Wie lange brauche ich noch
bis ich vollends sagen kann:

„Herr, mach du!‘‘

Sabine Susanne Maier

„Wie zermürbend. Aber du hast eben gesagt, dass du wieder Freude spüren konntest", bemerkte Maraike.

„Ja, das war wichtig, auch dass ich Dinge wieder richtig genießen konnte. Obwohl ich wusste: Da ist noch etwas! Es war aber eben nicht das Verdrängen, sondern eine Zuversicht, dass es weitergeht. Mit den Freuden des Lebens ebenso wie mit der Verarbeitung der Erlebnisse.

Ja, Gott lässt mich nicht hängen – schon bald lernte ich etwas Neues kennen:

Bisher hatte ich mich gescheut, mir vorzustellen, dass ich vor Gott stehe, so winzig, so klein, wie ich bin, vor dem gewaltigen, mächtigen Gott – und dann auch noch zu fragen: „Warum, Gott?" Das war doch vermessen, größenwahnsinnig!

Andererseits wusste ich inzwischen, dass ich das Unrecht, das ich empfand, äußern durfte. Ich wusste: Gott interessiert sich für mich; und doch kam es mir anmaßend vor, wie eine Anklage gegen Gott."

„Das ist eine enorme Spannung von der du da erzählst. Ich bin neugierig, wie Gott das aufgelöst hat! Das muss er ja, sonst würdest du davon nicht so ruhig erzählen. Stimmts?", fragte Maraike gespannt.

Gott gab mir Antwort in seinem Wort, der Bibel: Ich las die Psalmen und staunte nur, wie offen die Psalmbeter mit Gott redeten – sich geradezu bei Ihm auskotzten! So offen sagten sie Ihm, wie ungerecht sie behandelt wurden! Wie einsam sie sich fühlten – manche hatten sogar das Gefühl, sie wären von Gott verlassen, bis dahin, dass sie Gott regelrecht Vorwürfe machten – Ihn anklagten!

Wie gut konnte ich mich in sie hineinversetzen. Was ich da las, das hatte etwas mit mir zu tun! Es war, als beschrieben sie meine Gefühle!

Ich kam zu der Schlussfolgerung: Wenn Gott heute derselbe ist, der Er schon immer war, wenn Er im Alten Testament derselbe ist, wie im Neuen Testament – dann heißt das doch, dass ich mich genauso wie David und die anderen Psalmbeter bei Gott ausweinen und Ihm Fragen stellen darf, selbst wenn das Anklagen sind! Immer mehr war ich von dieser Schlussfolgerung überzeugt und wagte sie zu stellen, die große Frage: „Warum?"

Dabei erlebte ich Gott als den, der heilt – als einen, dem daran gelegen ist, dass ich verstehe, was für ein liebender Vater er ist.

Denn ihr habt nicht einen Geist der Knechtschaft empfangen,
dass ihr euch wiederum fürchten müsstet,
sondern ihr habt den Geist der Sohnschaft empfangen,
in dem wir rufen:
Abba, Vater!
Römer 8,15

Weil ihr nun Söhne seid,
hat Gott den Geist seines Sohnes in eure Herzen gesandt,
der ruft:
Abba, Vater!
Galater 4,6

Abba ist die hebräische Koseform von Vater, ähnlich unserem „Papa". Auch das gab mir zu denken! In diesem Verstanden-werden lernte ich Gott als verständnisvoll kennen, wenn ich Ihm Fragen stelle, selbst wenn sie anklagend sind. Er hält das aus – ja, der Gott, der so viel größer ist als ich, und dessen Gedanken so viel höher sind als meine, der Gott, der in anderen Dimensionen denkt, dieser Gott interessiert sich dafür, wie es mir geht! Er will wissen, was mich bewegt. Er weiß es, bevor es mir über die Lippen kommt. Aber Er möchte, dass ich mich bewusst dazu entscheide, ihm zu vertrauen und mit ihm darüber zu reden. Er will mir nichts überstülpen, nichts aus der Nase ziehen. Ich allein entscheide, ob ich seine Aufmerksamkeit, seine Liebe, seine Hilfe in Anspruch nehme. Es liegt allein in meiner Verantwortung.

Im Geist darf ich mich als sein Kind auf seinen Schoß setzen, mich ausweinen und klagen. Das Vorbild der Psalmenbeter erlaubt mir, es für mich in Anspruch zu nehmen und nachzuahmen.

Von den Psalmisten lernte ich aber noch mehr: Sie bleiben nicht beim Fragen und Klagen hängen. Sie sind offen für eine Begegnung mit Gott – selbst im Klagen. Gott berührt sie in irgendeiner Weise so, dass sich ihre Sicht verändert: Sie werden dankbar und voller Freude! Ihr Blick richtet sich nicht mehr auf das Problem, sondern auf das, was Gott kann und was Er gibt."

„Naja, das klingt stimmig. Aber die haben doch vor langer Zeit gelebt. Denkst du, es ist in unserer Zeit noch gültig?", Maraike schaute mich fragend an.

„So habe ich es erlebt", antwortete ich:

Ich sitze da, voller Klagen. In meinem Kopf schwirren die Fragen nur so umher, ich kann sie nicht beantworten. Dann fällt mir ein, dass es anderen auch so ging und was ihr Ausweg aus dieser Misere war. So wie sie suche ich die Gegenwart Gottes, spreche mit Gott und fange an zu klagen. Eine Sache nach der anderen breite ich in meinen Worten vor Gott aus – ich verberge nichts, denn er kennt mich doch sowieso. Je mehr ich rede, umso mehr spüre ich, wie hilflos und traurig ich bin. Ich erkenne meine Verletzungen.

Jetzt kommt mein Glaube ins Spiel; ich habe die Wahl: Ich kann meinen Blick auf das Problem richten und mich davon überwältigen lassen und resignieren, oder ich versuche, das Problem irgendwie zu lösen.

Bei beiden Möglichkeiten rückt das Problem in die Mitte – es wird mir wichtiger als Gott; es verdrängt Gott mehr und mehr aus meiner Sicht. Das Problem bestimmt mein Leben, prägt mein Denken und Handeln.

Ich kann aber auch eingestehen: „Gott, ich kann nicht mehr, ich weiß nicht mehr weiter. Aber du bist größer. Du kannst das Problem lösen. Zeige mir den Weg dahin." Wenn ich mich dafür entscheide, auf Gott zu schauen und darauf, was Er alles tun kann, gebe ich das Problem ganz in Seine Hände und lasse es los. Das verändert meinen Blick: Ich erkenne wieder Gottes Größe. Das Problem existiert noch, aber ich muss es nicht mehr wegdiskutieren – ich komme vom Klagen zum Loben.

Ob so oder so – die Entscheidung liegt ganz bei mir. Ich entscheide mich bewusst und willentlich dazu. Das fällt mir manchmal schwer und hat nicht immer einen sofortigen „Halleluja-Jubel" zur Folge, und doch erfüllt mich dann ein Friede, der tröstet und Freude gibt – das ist für mich eines der Geheimnisse des Glaubens.

Gottes Friede – tief in mir

Gottes Friede regiere in meinem Herzen.
Dazu sage ich Ja!

Auch wenn Stürme toben:
Ich will den Frieden spüren - tief in mir.

Ich kann unruhig sein,
traurig, verzweifelt.
Trotzdem ist er da,
dieser Friede - tief in mir.

Mal spüre ich diesen Frieden
mit meinem ganzen Sein.
Mal spüre ich ihn
wie eine leise Stimme – nur ein Hauch.
Aber er ist da, dieser Friede - tief in mir.

Davon will ich nicht weg!
Herr, rühre du mich an.
Ich will auf dich sehen.

Dass auch in schweren Tagen
ich kann sagen:
Dieser Friede, er ist da - tief in mir.
Wohlig und warm breitet er sich aus.
Ich will ihn nicht missen,
diesen Frieden - tief in mir!

Sabine Susanne Maier
Grafik: Gabi Dallmann

Irgendwann fiel mir der Schluss von Psalm 139 auf:

Erforsche mich, o Gott, und erkenne mein Herz;
prüfe mich und erkenne, wie ich es meine;
und sieh, ob ich auf bösem Weg bin,
und leite mich auf dem ewigen Weg!
Psalm 139,23–24

Wenn ich diese Zeilen als Gebet spreche, bitte ich Gott: „Zeige mir, wo ich versuche, etwas mit meiner eigenen, menschlichen Weisheit anzugehen und dich außen vorlasse.

„Hm, das ändert irgendwie meine Meinung von Glauben! Ich dachte immer, das ist so irgendwie etwas, um gute Gefühle zu bekommen, etwas Abstraktes, was man so nicht greifen kann, was einen packt? Und du meinst wirklich, dass es eine bewusste Entscheidung ist?", Maraike runzelte die Stirn und sah mich nachdenklich an.

Glauben heißt wirklich nicht nur, einer netten Idee oder netten Gefühlen zu folgen. Nein, es ist eine bewusste Entscheidung und immer wieder ein bewusster Schritt zu sagen: Ja, ich glaube dem, was ich erlebt habe, ich glaube dem, was in der Bibel steht. Dann bin ich offen für das Erleben.

Im Laufe der Zeit wandelte sich mein Ärger darüber, dass der Heilungsprozess immer noch nicht fertig war, zu einer Neugier, die mich fragen ließ: „Vater, was kann ich noch lernen? Vater, wie willst Du daraus Gutes machen?"

In meinem Herzen ist eine tiefe Sehnsucht erwacht, Gott als den heilenden Gott zu erkennen, auch und gerade dann, wenn wieder schlimme Situationen hochkommen: „Vater, ich will sehen, wie du dieses Mal eingreifst und dich verherrlichst."

Das gibt mir den Mut, der größer ist als die Angst vor dem Schmerz. Inzwischen kann ich von ganzem Herzen sagen: „Abba, Vater, du bist bei mir. Du hilfst mir!", selbst wenn ich mich gerade nicht danach fühle.

Außerdem staune ich, wie behutsam Gott mit mir vorgeht. Weil Er mich geschaffen hat, weiß Er auch, was ich brauche: Ob ich jetzt für etwas eher Zeit brauche, um es genauer anzuschauen, oder ob es auch mal schneller vorangehen kann. Oder ob ich eine Pause brauche ...

So werden die Täler, durch die ich gehe, immer flacher und weiter."

„Jetzt habe ich mal wieder genug Stoff, um darüber nachzudenken. Das muss ich erstmal durchdenken und sacken lassen. Aber eines weiß ich jetzt schon: Ich freue mich für dich, dass das alles für dich so real ist und du das von Herzen glauben kannst.

Dann bis zum nächsten Mal, tschau!", grübelnd ging meine Freundin nach Hause.

Herr, ich komme zu dir,
suche Stille vor dir.

Herr, mach mein Herz ganz ruhig,
lass es zur Ruhe kommen vor dir.

Ich will vor dich treten,
dir bringen was mein Herz bewegt.

Du verstehst mich, kennst meine Gedanken,
gibst mir Ruhe in dir.

Ich will dir abgeben,
dir bringen was mein Herz bewegt.

Herr, gib mir Ruhe,
Ruhe in dir.

Foto und Text
Sabine Susanne Maier

79

Kapitel 9

Wie eine Bombe

Wir nutzten das schöne Wetter und das Wochenende, um mit den Hunden zu laufen. Maraike fragte ganz unverblümt: „Sag mal, gab es bei dir eigentlich in den letzten Jahren mal einen Punkt, an dem du gemerkt hast, dass sich etwas ändert in, naja, wie du sagst, deiner Beziehung zu Gott oder wie du an Ihn glaubst? So etwas, wo du wusstest: Jetzt verstehe ich es endlich!"

„Hm, lass mich überlegen; gab es einen Punkt an dem es wirklich „klick" gemacht hat?", antwortete ich. So unterhielten wir uns zunächst über ganz alltägliche Dinge, was die Kinder so machten, die Hunde, das kaputte Auto … . Nach einer Weile hatte ich meine Gedanken sortiert und konnte Maraike antworten:

„Ja, es gab ihn: Ich fühlte mich meistens sicher in dem Frieden, den ich gefunden hatte. Ich hatte überwunden, war als Sieger aus den trüben Stunden und Gedanken herausgekommen, zumindest bis wieder eine neue Zwiebelschicht zum Vorschein kam."

Ich erinnere mich: Es war ein grauer Tag, dunkelgrau. Nein, nicht draußen – der Himmel strahlte im schönsten Blau! Aber wo war all das Schöne, das ich so sehr liebte? Die schönen Blumen, die Sonne, die schien? Mit den Augen konnte ich das alles wohl sehen, aber irgendwie war es für mich so weit weg, ich konnte mich nicht darüber freuen.

Ich wollte nicht mehr, mir war alles zu viel an jenem Nachmittag. Ich war so niedergeschlagen, einfach nur traurig und fertig. Ich fühlte mich alleingelassen, sah nur noch meinen Schmerz. Ich sehnte mich danach, mich in Gottes Arme fallenlassen zu können. Aber es ging nicht. Irgendetwas hinderte mich daran. Ich war wie blockiert.

„Ich will nicht mehr! Immer nur funktionieren, immer für die andern da sein müssen. Wer sorgt sich um mich und für mich? Wer ist für mich da und sieht, wie es mir geht?" Ich sah nur noch das, was schlecht war. In meinem Herzen fehlte jede Freude; da waren seit langem mal wieder nur Schmerz, Trauer und Traurigkeit, so groß, dass ich nichts anderes mehr sah. Es fühlte sich an, als könnte ich nie mehr lachen. Wozu auch?

Ja, natürlich wusste ich: Es gab Leute, die mich liebten: mein Mann Johannes, Lydia, meine Kinder … „Du bist so undankbar, so egoistisch!", klagte ich mich an. Aber davon wurde auch nichts besser, ich fühlte mich immer noch einsam und verlassen. Ich hatte Angst, dass es wieder so schlimm wird.

Ich überlegte: „Soll ich vielleicht Lydia anrufen, mit ihr reden, miteinander beten?" Aber selbst dazu fehlte mir die Kraft, ich wollte einfach nicht, war felsenfest überzeugt: „Das hilft sowieso nichts! Ich stehle ihr nur die Zeit!" Alte Lügen breiteten sich in meinem Denken aus. Selbst Gott, den ich inzwischen als liebenden Vater kannte, erschien mir so unendlich fern, so unerreichbar. „Der interessiert sich nicht mehr für mich, zumindest nicht, wenn ich mich so hängenlasse und so undankbar bin! – Und überhaupt: Wieso sollte Er sich denn für mich interessieren? Kann Er mir denn etwas zutrauen, mir vertrauen?"

Jetzt ging es wirklich los mit den Vorwürfen gegen Gott, meinen Anklagen – und damit noch mehr schlechtem Gewissen: „Anmaßend und schuldig bist du! Denkst, du könntest Gott anklagen!" Ja toll.

Mir fielen keine Wahrheiten ein, die ich all dem entgegenhalten konnte. Die Last war mir zu schwer geworden, ich konnte und wollte sie nicht mehr tragen.

Ich war total verzweifelt: „Am einfachsten wäre es, wenn ich nicht mehr lebe." Aber mir selber das Leben nehmen, nein, das kam nicht in Frage. Da könnte es ja heißen: „Und wieder hat sie sich nur um sich selber gedreht, hat egoistisch gehandelt, nicht an die anderen gedacht, den Mann, die Kinder!"

Andererseits wollte ich die Menschen, von denen ich wusste, dass sie mich liebten, nicht einfach so in die Trauer stürzen, ihnen nicht das Fragen nach dem „Warum?" aufbürden.

Es fühlt sich an wie eine Bombe – kurz vor der Explosion.
Du willst nur noch schreien,
nur noch rufen: „Warum? Was soll das?"
Rufen: „Wo waren die anderen?
Wo war Gott?"

Ja, du weißt: Er war da, hat dich getragen.
Und trotzdem ist da diese Enttäuschung,
dieser tiefe Schmerz,
Sehnsucht,
Ohnmacht,
sogar Zorn auf Gott!

Du kannst es nicht fassen,
nicht recht beschreiben.
Am liebsten nur weg,
weg von diesem schlechten Gefühl.
Einfach wegrennen!

Aber dann –
dann hörst du leise, ganz leise,
ganz zart eine Stimme.
Mitten in der Explosion,
mitten im Chaos.
Eine Stimme, die singt:
„Unser Gott ist ein mächtiger Gott!"

Und dann – dann merkst du:
Er ist größer! Er ist mächtiger
Er fängt dich auf! Er ist heilig!
Er ist Gott!

Sabine Susanne Maier
Grafik: Stefan Kurras

Mir fielen elegantere Lösungen ein: ein Herzinfarkt, ein tödlicher Verkehrsunfall. Etwas, was mich einfach aus dem Leben reißen, mein Leben ruckzuck beenden und zum Anfang des Lebens bei Gott werden würde. Das wäre eine tolle Lösung. So etwas wäre wünschenswert! Wow, was für eine Vorstellung: Zack Bumm und alles ist aus – jede Angst, jede Sorge, jede Trauer, nur noch bei Gott sein und Freude erleben! Sollte ich Gott um so etwas bitten?

Mit diesen Gedanken im Kopf machte ich mich mit dem Fahrrad auf den Weg zum Sport, zuerst den Berg hinunter und gleich über eine recht befahrene Straße. Ja, hier wäre eine geeignete Stelle, dass etwas passiert, all den Erinnerungen ein Ende setzen. Wenn von einer Seite ein Auto käme und ich nicht bremsen würde oder könnte – alles vorbei! Wie schön! Sollte ich Gott darum bitten?

Aber nein, dazu ist die Kreuzung dann doch zu übersichtlich. Und so ganz ohne Vorsicht über die Kreuzung zu fahren, wäre wiederum eindeutig ein Suizidversuch – und das war ausgeschlossen. Zudem: Wenn das danebenging und das Ergebnis nicht der Tod wäre, sondern aufgrund einer schweren Verletzung eine Behinderung folgte? Nein, das war auch nicht die Lösung. Ganz und gar nicht! Also doch lieber bremsen.

Nach der Kreuzung weiter auf einem Fuß- und Radweg. Ab und zu ein Fußgänger, ansonsten freie Fahrt. Hier gab ich ordentlich Gas. Die Fragen „Warum?", „Wozu?", „Warum sehe ich all das wieder und wieder, stecke in den Erlebnissen fest?" feuerten meine Beine an, immer fester in die Pedale zu treten. Ich wurde schneller und schneller, als wäre ich auf der Flucht. Ja, das war die Lösung: Ich musste nur wegfahren vor den Erinnerungen und dem Schmerz. Schneller, schneller, immer schneller!

In mir tobten die Gefühle wild durcheinander – ein einziges Chaos! Es fühlte sich an, als wollte jeden Moment eine Bombe explodieren, geladen mit genügend Sprengstoff, um eine ganze Stadt in Schutt und Asche zu legen – mindestens!

Ich kann mich nicht fallen lassen

Gott, in deinen Arm
will ich mich fallen lassen.

Aber es geht nicht – da ist etwas,
irgendwo in mir – etwas,
was mich hindert, es zuzulassen.

Ich kann es spüren;
greifen kann ich's nicht.
Ich weiß nicht, was es ist.

Und doch: Ich will mich fallen lassen,
fallen lassen in deinen Arm, o Gott!

Aber es geht nicht – da ist etwas,
irgendwo in mir – etwas,
was mich hindert, das zuzulassen.

Was ist das nur?
Herr, ich weiß es nicht.
Ich spüre es nur:
es tut so weh, tut so sehr weh!
Zeig mir, was das ist,
das mich nicht fallen lässt

in deinen Arm!

Sabine Susanne Maier

Da nahm ich plötzlich eine Stimme wahr, ganz leise war sie – in mir erklang ein Lied, das ich sehr mag: „Unser Gott ist ein mächtiger Gott …", ein Lied mit nur einer Strophe, aber genau die hörte ich in mir singen. Wieder und wieder. Erst sehr leise, ganz, ganz leise, fast flüsternd und doch bestimmt und wohltuend, irgendwie beruhigend. Ich musste in meinem Geist mitsingen, konnte nicht anders. Wie bei einem Ohrwurm, nur dass es mich nicht nervte, denn plötzlich war so ein kleines bisschen innerer Frieden da, irgendwo, ziemlich klein und noch versteckt, aber ich spürte ihn!

Die Stimme in mir wurde langsam aber stetig lauter. Und je lauter sie wurde, umso mehr breitete sich der Friede aus. Ich sang das Lied aus vollem Herzen mit. Der Friede war deutlich zu spüren, er wuchs an und verdrängte das Chaos, alle Ängste, alle Wut, die das Chaos in mir zustande brachte – sie wurden kleiner und kleiner. Dafür wurde der Friede mehr und mehr.

Das erstaunte mich: So wunderbar zu spüren, wie es in mir ruhig wurde! Ich wusste: Die Probleme waren noch da. Gewiss, die Erinnerungen hatte ich noch. Doch es war anders. Ich hatte keine Angst mehr davor, weil ich wusste: Mein Gott ist mächtiger!

Diese Wahrheit „Unser Gott ist ein mächtiger Gott" brachte mir die Gewissheit, dass Gott wirklich da ist, dass Er darum weiß und dass Gott wirklich eingreift, weil Er sich für mich interessiert!

In dieser Ruhe lagen Frieden und Wärme. Es war, als ob ein Schalter in meinem Denken umgelegt worden war. Ich zweifelte nicht mehr daran: Gott redet zu mir – und ich kann Ihn wirklich hören. Gott ist real!

Es stimmt, was Jesus über Menschen sagt, die zu Ihm Ja gesagt haben:

> *Meine Schafe hören meine Stimme,*
> *und ich kenne sie, und sie folgen mir nach.*
> *Johannes 10,27*

Das Lied war wie eine Antwort: „Ja, ich glaube, dass Du, Gott, mächtig bist – mächtiger als alle meine Probleme! Du hast mich angenommen als Dein Kind und Du verstehst mich! Ich muss nicht an mir selber zweifeln! Ich glaube Dir, dass dies die Wahrheit ist!"

An diesem Punkt erlebte ich einmal mehr, dass Glaube wahrlich etwas Alltägliches ist. Ich begriff, was es heißt, wenn Gott eingreift und Sein Friede sich ausbreitet, Sein Friede, der stärker ist als die Zweifel, die Trauer, die Angst und der Schmerz.

Es gibt so viele Verheißungen, die Gott uns zuspricht. Ich hatte gehört, dass ich sie persönlich in Anspruch nehmen darf, dass sie ganz konkret mir gelten. Nur war ich mir bisher immer zu unwürdig vorgekommen; ich traute Gott nicht zu, dass er mich damit meint.

Aber an jenem Tag, damals auf dem Radweg, habe ich gelernt, dass ich Gottes Verheißungen in Anspruch nehmen kann; ich darf sie als Wahrheit annehmen, als Wissen für mich im Heute, Hier und Jetzt. Ich muss nicht an mir zweifeln, ich bin es wert.

Ich habe gelernt, dass es dabei auf meine Entscheidung ankommt, und die kann ich jederzeit fällen – dazu brauche ich keine „schönen" Gefühle! Die Gefühle – der Frieden, die Wärme – kommen mit der Entscheidung: „Ich nehme dies für mich persönlich in Anspruch!" Die Gefühle unterscheiden sich von Mensch zu Mensch, von Situation zu Situation. Aber wenn ich sage: „Ja, ich glaube!", das gilt.

„Wirklich? Ich hätte nie gedacht, dass du solche Gedanken hattest und nicht mehr leben wolltest!", Maraike war sichtlich berührt. „Ich bin so froh, dass du deinen Glauben hast, der dich trägt und dir Kraft schenkt!"

„Sag mal, hat dich danach nichts mehr runtergezogen?", erkundigte sich meine Freundin. Sie wollte es wirklich wissen. Ich konnte nur antworten:

„Bisher habe ich zwar so manches noch erlebt, auch Dinge, die mich trafen, ganz tief ins Herz trafen. Du weißt, wie das ist, wenn man Kinder hat und heftige Probleme bei ihnen auftreten. Das trifft, mitten ins Herz, es kommen Vorwürfe gegen mich selbst. Aber so enttäuscht, dass ich lieber sterben wollte? Nein, zu diesen Gedanken kam es nicht mehr."

„Da bin ich aber sehr froh!", sagte Maraike.

Das heißt nicht, dass ich Dinge übergehe. Nein, ich denke über vieles nach. Aber Gott erinnert mich immer wieder liebevoll daran, dass ich Ihn in meine Gedanken einbeziehe. Aber es ist durch diesen Nachmittag noch etwas in mir geschehen:

In den Tagen nach diesem Erlebnis hat sich in mir einiges getan: Ich bekam Hunger nach Gott. Ich wollte noch mehr über und von Gott erfahren – ich wollte Ihn selbst erfahren.

Zwanzig Jahre zuvor, als mir klar geworden war, dass ich Vergebung brauchte, damals in dem Gespräch mit Schwester Dorothée, hatte ich beschlossen, dass ich mit Jesus leben will. Und das galt bis dato, nichts davon hatte ich zurückgenommen. Ich glaubte fest an das, was in der Bibel steht. Ich liebte die Bibel und hatte sie auch schon ganz durchgelesen. Sie war die Wahrheit und Gott war Realität für mich.

Ich hatte auch schon erlebt, dass Gott im Alltag zu mir spricht, durch Bibelverse, Gedanken …

Und doch: Jetzt war es irgendwie anders. Ich hatte Gott persönlich erlebt! Er hatte ein Lied in mich hineingelegt, Frieden – und eine Liebe, die sich nach Beziehung mit Ihm sehnte. Er war Realität in mir. Ich gestattete Ihm, direkt in meinen Alltag zu sprechen.

Das war wunderbar!

„Mir hat noch nie jemand solche Erlebnisse mit seinem Glauben erzählt. Das klingt so unglaublich! Aber ich sehe ja, was das alles mit dir macht – und glaube es", staunte Maraike.

Vor allem konnte ich nun darauf zurückgreifen, wann immer mich etwas von meiner Zuversicht und meinem Vertrauen auf Gott wegbringen wollte.

Mit der Zeit lernte ich noch mehr Lieder und Verse kennen, die mich beim Anflug von Zweifel und Misstrauen an meinen Vater im Himmel erinnerten und an Seine offenen Arme. So oft passten Worte der Bibel genau in meinen Alltag und hatten die Kraft, mein Denken zu verändern.

Ein aufregender Prozess: Lügen erkennen, abgeben und selbstbewusster werden!

In dieser Zeit begegneten mir beim Bibellesen Verse, die ich schon lange kannte, aber jetzt hatten sie mir etwas zu sagen:

> *Die Lügenlippen sollen zum Schweigen gebracht werden, die frech reden gegen den Gerechten mit Hochmut und Verachtung.*
> *Psalm 31,19*

> *Der Mund der Lügenredner wird gestopft!*
> *aus Psalm 63,12*

Nun fing ich an, diese Verse zu verstehen: Das Chaos in mir machte mich zu schwach, als dass ich die Lügen in mir hätte zum Schweigen bringen können. Sie saßen zu fest. Aber diese Verse machten mich auf eines aufmerksam: Ich muss diese Lügen nicht leben. Der Psalmbeter bittet Gott, die Lügenlippen zum Schweigen zu bringen.

Wenn sich in mir eine Lüge regt, die mich einschüchtern will, kann ich einfach Psalm 31,19 beten *(siehe oben)*.

So gab ich mit der Zeit dem Wort Gottes mehr und mehr Raum in mir. Ich schrieb mir die Verse auf und steckte sie an die Pinnwand, klebte sie an die Fliesen, heftete sie an die Kühlschranktür, damit sie mir immer wieder in den Blick fielen, und so manchen Vers habe ich bewusst auswendig gelernt. So verleiht mir das Wort Gottes Autorität über die Lüge, die ich erkannt habe, und in mir wächst der Mut, Lügen einfach wegzuschicken.

Darum kann ich auf dem Weg der Heilung immer sicherer vorwärtsgehen. Ich danke Gott für jede neue Wahrheit; mit der Zeit werden sie zu meinen Gedanken, die mein Reden und Handeln bestimmen.

Ich habe auch schon erlebt, dass Gott mir gesagt hat: „Bei dieser Lüge ist es gut, wenn dir andere helfen, sie auszuräumen. Gib sie mir solange ab, ich passe auf sie auf." So habe ich im Geist Lügen und Erinnerungen in eine Truhe gelegt, sie abgeschlossen und Jesus den Schlüssel gegeben. Tatsächlich, sie haben mich dann nicht mehr geplagt, bis ich den Mut und die Neugier fand, sie anzuschauen.

Zwischen den beiden Gedichten, „Ich kann mich nicht fallen lassen" und „Ich will mich fallen lassen", lagen keine zehn Tage.

Herr, ich will mich fallen lassen,
fallen lassen in deine Hand!
Ich trete vor dich – in diene Gegenwart.

Hier bin ich und bringen dir meinen Schmerz.
Den Schmerz, der mir auf der Seele brennt.
Den Schmerz, der meine Gedanken lenkt.

Er tut so weh – nimm du ihn weg.
Ich will ihn dir geben; will vor dir weinen; will vor dir klagen;
will alles fallen lassen vor dir.

Du hast darum geweint, dafür gelitten.
Was mir widerfuhr ist dir bekannt.
Nun bitte ich: Nimm den Schmerz, er tut so weh!
Ich gebe ihn dir – ich lasse los!

Heile du die Wunden, die der Feind gerissen.
Ich selber kann es nicht.
Denn er schweigt nicht, der Feind mit seinen Lügenworten.
Er redet auf mich ein,
dass ich unfähig bin; dass ich schuldig bin; dass ich unwürdig bin

Aber nein, das stimmt nicht!

Jesus, lass du sie schweigen, die Lügenworte.
Deine Stimme allein will ich hören,
ich will deine Wahrheit hören,
will mich fallen lassen in deine Hand.

Lass dein Antlitz leuchten über mir.
Bekleide mich mit deiner Waffenrüstung ganz und gar!

Ich kann mich nicht wehren gegen Anfeindung und Lügenworte!
Aber du, du kannst es Jesu!
Denn du bist Sieger. Sieger über alles was zerstören will!

Sabine Susanne Maier
Grafik: Stefan Kurras

Dieser Friede war jetzt immer da, auch wenn mich mal etwas überrennen wollte. Aber jetzt weiß ich: Die Arme Gottes des Vaters sind offen für mich. Ich bin nicht allein mit dem, was mir da durch den Kopf geht. Ich darf vor dem Vater weinen und ihm den Schmerz abgeben, das Problem, was auch immer es ist. Es darf nicht mehr meinen Alltag beschweren.

Das „Ich glaube" wurde immer mehr zu einem „Ich weiß, dass Gott größer ist!". Es ist meine Waffe im Kampf gegen das, was mir den Glauben rauben will – dann fallen mir Situationen ein, in denen Gott geholfen hat. Manchmal sehe ich auch andere Erlebnisse und entdecke ganz neu, wie Gott damals eingegriffen hat, wie ich in diesen Situationen tatsächlich Trost erfahren habe. Ich kann Gott nur danken und ihn dafür loben, wie gut und groß und mächtig er doch ist.

Oft fällt mir das Wort aus dem Hebräerbrief ein:

> *Es ist aber der Glaube eine feste Zuversicht*
> *auf das, was man hofft,*
> *eine Überzeugung von Tatsachen, die man nicht sieht.*
> *Hebräer 11,1*

Das heißt für mich, dass ich das was ich hoffe und was ich glaube auch erlebe – es wird zum Sachverhalt. Ich sehe es zwar nicht mit meinen natürlichen Augen, doch mein inneres Auge erkennt es; mein Geist sieht, wie Gott bestätigt, dass er mich nicht allein lässt in meiner Not.

Einmal las ich in der Bibel, wie Jesus vor seiner Kreuzigung im Garten Gethsemane betet und dabei sein Schweiß wie Blutstropfen auf die Erde fällt (Lukas 22,44). Als ich anschließend betete, sah ich in einem inneren Bild, wie Jesus kniete und betete. Dabei weinte er und war zutiefst traurig. Jesus weinte in diesem Moment wegen all der Sünde, für die er sterben musste. Das hatte ich bereits gewusst. Zu diesem gesellte sich ein für mich ganz neuer Aspekt: Jesus ist auch für das gestorben, was andere mir angetan haben. Er hat deshalb geweint. Er ist darüber tieftraurig! Das war ein heilender Gedanke, der mich überwältigte.

Ich wusste ja, dass Jesus traurig ist, weil die Menschen oft so gemein zueinander sind. Wie oft hatte ich das gehört! Aber dass er auch darüber geweint hat im Garten Gethsemane und dass er auch dafür ans Kreuz gegangen ist, das war eine neue Erkenntnis. Noch heute bin ich davon überwältigt und kann nur ehrfürchtig staunen. Es erfüllt mich einfach mit Dankbarkeit, mit einer ganz tiefen Dankbarkeit!

Durch diese „Gethsemane-Tränen" bekam ich ein tieferes Verständnis, eine tiefere Erkenntnis der Liebe Gottes: Ich bin Gott nicht egal – bin ihm noch nie egal gewesen. Er hatte mich schon im Blick, als Jesus auf die Erde kam!

Weil Jesus das getan hat, kann ich anderen Menschen vergeben. Wie Paulus im Epheserbrief schreibt:

> *Seid aber gegeneinander*
> *freundlich und barmherzig und vergebt einander,*
> *gleichwie auch Gott euch vergeben hat in Christus.*
> *Epheser 4,32*

Das trifft es noch besser: Wir vergeben nicht deshalb, *damit* Gott uns vergibt, sondern *weil* Gott uns vergeben hat.

Das schafft mir Nähe zu Gott und wirkt in meinem Herzen: Es fällt mir leichter, zu vergeben; Vergebung wird mehr und mehr zum Lebensstil.

Aber es kam noch etwas dazu: Ich empfinde sogar Barmherzigkeit für die Menschen, die mir wehgetan haben. Ich kann hinter ihrem Verhalten ihr verletztes Herz und ihre Unsicherheit sehen. Diese Barmherzigkeit wurzelt nicht in meinem Verstand; sie rührt nicht daher, weil ich etwas weiß. Es ist ein Gefühl von Liebe, vermischt mit Wehmut tief in meinem Herzen.

Damit entschuldige ich ihr Verhalten nicht und ich lüge mir damit auch nichts vor. Wenn ich vergebe, heißt das nicht etwa, dass der andere das Recht gehabt hätte, mich zu verletzen. Ich verbünde mich auch nicht mit ihm. Ich stehe dazu, dass ich verletzt wurde; aber dieses Verletzt-Sein führt mich nicht mehr in Bitterkeit und Hass hinein. Die Verletzung hat kein Recht mehr, mich zu plagen und mir das Leben schwer zu machen.

Die Wunde der Verletzung ist verheilt – es tut nicht mehr weh. Sie ist nur noch Lebenserfahrung.

Maraike verarbeitete das Gehörte.

Das schätze ich an ihr so sehr, dass sie nicht einfach mit einem Kommentar rausplatzt als Rat oder Trost. Maraike bewegt Dinge in ihren Gedanken, bevor sie kommentiert. „Aha, hm, ja, wenn ich dir so zuhöre, dann klingt das für mich – lass es mich in meinen Worten ausdrücken: Dass du deinen Frieden gefunden hast. Auf jeden Fall danke, dass du mich an deiner Geschichte teilhaben lässt." Wir trennten uns nach einer wirklich ausgiebigen Runde mit unseren Hunden. Es sollte nicht die letzte Hunderunde gewesen sein.

Herr, wenn ich auf Dich schaue,
kann ich nur staunen!
Über Deine Größe:
Du bist heilig, Du bist allmächtig!
Fassen kann ich das nicht.
Aber ich weiß, dass es so ist!

Und trotz Deiner Größe beugst Du Dich herab.
Herab zu mir, und nimmst mich an.
Du nimmst mich in Deinen Arm.
Du weißt, was mich bewegt.

Ich weiß, dass Du mich liebst und verstehst.
Herr, hab Dank dafür.
Bei Dir werde ich ruhig, getröstet und geheilt.
Herr, hab Dank dafür!

Sabine Susanne Maier

Ich möchte ihn nicht missen,
den Frieden in mir.
TROTZ Grummelns in mir:
Dies tiefe Gefühl der Geborgenheit.

Auch wenn ich Angst habe, bitter enttäuscht, verwirrt bin:
Ich weiß mich gehalten – gehalten von Gott.
Es klingt widersprüchlich – vielleicht – doch ist es das nicht!
Ich habe Frieden – ganz tiefen Frieden in mir.
Spüre tiefe Geborgenheit, Ruhe Wohlsein – in Gott!

Auch wenn Gedanken toben,
Enttäuschung, Angst, Fragen, Verwirrung.
Trotzdem weiß ich:
Gott ist da!
Er fängt mich auf!

Ihm darf ich sagen was
mich bedrückt.
Er fängt mich auf,
gibt Frieden,
tiefen Frieden,
der Geborgenheit ist.
Tiefe Geborgenheit,
Ruhe und Wohlsein – in Gott!

Beschreiben
lässt es sich schwer.
Man muss es selber erleben,
sich einlassen
auf diesen Frieden,
Frieden mit Gott.

Sabine Susanne Maier
Grafik: Gabi Dallmann

Kapitel 10

Es hält an

„Wie geht es dir? Bist du immer noch so durcheinander oder fühlst du dich inzwischen wieder standhaft?", wollte Maraike wissen.

Das Wetter war nicht so gut, darum saßen wir mal wieder in meiner Oase zusammen und plauderten.

„Ach, ich fühle mich wunderbar. Ich genieße das Leben, die Familie, mit all dem, was dazugehört. Ich freue mich jedes Mal, wenn ich hier in meiner Oase mit Gott sein kann. Es ist so schön! Dabei habe ich etwas entdeckt, nämlich, wie gut es mir tut, einen Stift zur Hand zu nehmen und einfach drauflos zu schreiben. Dabei entstehen einige Texte, die ich gerne immer wieder lese."

„Dann zeig mal her, ich möchte sie auch mal lesen!", bat Maraike.

So gab ich ihr mein Tagebuch mit den Gedichten.

„Ja, das gefällt mir. Aber erzähle mal, du wärst nicht du, wenn da nicht noch mehr als nur Worte dahinterstecken würden!", forderte sie mich auf zu erklären.

„Du kennst mich wirklich gut. Ja, es sind nicht nur Worte für mich, es ist das, was ich in meinem Herzen fühle", ich begann zu erzählen:

Was ich oben in Worte gefasst habe, darf ich seither mehr und mehr erleben. Kam doch einmal eine Welle der Erinnerung und überflutete mich und wühlte mich auf, spürte ich etwas in mir, dass es nicht zuließ. Trotz noch so manch offener Frage war da immer noch eine Ruhe, die ich deutlich spürte. Anfangs war es manchmal nur ein kleiner Teil, der in mir friedlich war. Aber das reichte, denn er gewann immer mehr die Oberhand – bis zum heutigen Tag.

Vor allem, wenn ich nach Gott fragte – egal ob beim Kartoffelschälen, Bügeln und Staubsaugen – oder beim Bibellesen oder Lieder über Gott singen: Der Friede wurde stärker.

In dieser Zeit wurden mir Lieder, die ich aus dem Gottesdienst kannte, sehr wichtig. Ich sang sie wegen der Worte, weil sie mich trösteten.

Es war, als löste sich da Knoten um Knoten, einer nach dem anderen. Meine Seele, die sich unter der Macht der Erinnerungen so sehr verkrampft hatte, wurde lockerer. Das wirkte sich aus auf meine Muskeln und mein Denken: Ich war gelöster.

Aber nicht nur meine Seele wurde geheilt und hat sich entspannt. Mein Körper durfte auch Heilung erfahren. Früher konnte ich nur ein paar Meter rennen. Dann habe ich in meinem Hals einen Schmerz gespürt, der bis in die Lunge heruntergezogen ist. Inzwischen kann ich sogar joggen und spüre selbst im Winter, wenn ich mich bei Kälte anstrenge, diesen Schmerz nicht mehr!

Außerdem halfen mir die Wahrheiten, die ich durch SOZO und viele Gebetszeiten glauben gelernt hatte.

Es gab immer mehr Momente, in denen ich es wieder genoss zu leben. Ich konnte wieder lachen, musste nicht ständig an das Alte, Bedrückende denken. Ich war nicht mehr das gehetzte Reh, ständig auf der Hut vor heranschleichenden Erinnerungen. Ich konnte den Augenblick genießen und mich freuen. Mehr und mehr spürte ich eine große Dankbarkeit.

Inzwischen möchte ich diesen Frieden im Alltag auf gar keinen Fall mehr vermissen.

Es gibt diese Zeiten, in denen in mir Chaos herrscht; Tage, an denen ich denke: „Wäre ich doch nur schon fünf Jahre weiter, dann hätte ich das alles hinter mir." Sie wird es wohl immer geben.

Aber dann packt mich wieder die Sehnsucht nach Gottes Ruhe und ich finde sie. Meist geht dieser Schritt zu Gott hin mit der Frage einher: „Vater, was macht mich unruhig? Gibt es jemandem, dem ich vergeben kann? Brauche ich selber Vergebung?"

Ich lernte die Kraft der Worte aus Römer 8 kennen:

> *Denn ich bin gewiss, dass weder Tod noch Leben,*
> *weder Engel noch Fürstentümer noch Gewalten,*
> *weder Gegenwärtiges noch Zukünftiges,*
> *weder Hohes noch Tiefes noch irgendein anderes Geschöpf*
> *uns zu scheiden vermag von der Liebe Gottes,*
> *die in Christus Jesus ist, unserem Herrn.*
> *Römer 8,38–39*

Weil uns nichts und niemand trennen kann von Gottes Liebe und somit von seinem Frieden, deshalb finde ich Schutz bei Gott – Er ist mein Schutz!

Diesen Schutz genieße ich voll und ganz. Aber da ist noch mehr:

Je sicherer ich werde, umso mehr Autorität habe ich selber, der Unruhe Einhalt zu gebieten. Ich darf der Unruhe sagen: „Ich brauche dich nicht, geh weg!" Das ist eng verbunden mit Loben und Danken: Ich halte mir vor Augen, dass ich ein Kind Gottes bin und damit den Frieden und die Freude Gottes in mir trage. Ich erinnere mich an das, was ich schon erlebt habe, und halte es der Unruhe und dem Chaos entgegen.

„Maraike, ich muss dir noch etwas erzählen: Eine Sache hat mich neulich sehr beeindruckt.

Wenn ich Wäsche aufgehängt habe, dann hatte ich einen Zwang: Die Wäscheklammern an einem Wäschestück mussten bei mir die gleiche Farbe und die gleiche Art haben. Im Laufe der Jahre habe ich ein Sammelsurium an vielen verschiedenen Wäscheklammersorten erhalten. So musste ich manches Mal eine Weile suchen, bis mein Zwang befriedigt war. Als mir das irgendwann mal aufgefallen ist, hatte ich versucht, ganz bewusst darauf zu verzichten. Ich sage dir: Das war schwer – und äußerst unbefriedigend!

Dieser Zwang ist inzwischen weg! Als ich einmal ein SOZO hatte und in der Woche danach Wäsche aufhängte, schien alles ganz normal. Aber als ich ging, schaute ich über die Wäscheleine. Ich sah kunterbunt gemischte Wäscheklammern! Und das Beste daran: Ich fühlte mich wohl dabei! Das ist seither geblieben. Der Farbzwang ist weg! Mir bedeutet es sehr viel! Für andere mag es eine Banalität sein."

„Wow, wirklich, eigentlich eine Kleinigkeit. Aber ich verstehe, dass du froh bist, diesen Zwang los zu sein", staunte Maraike und fuhr fort: „Nun habe ich aber eine Frage: Wenn ich sehe, wann du mir Nachrichten schreibst, zeigt es immer eine frühe Uhrzeit an. Warum stehst du so früh auf? Hast du Schlafprobleme?"

„Nein, absolut nicht. Ich schlafe wie ein Murmeltier. Aber ich bin ein Frühaufsteher", fing ich an zu erklären. „Ich weiß, dass ich mich im Alltag mit Gott unterhalten kann: Beim Kochen, beim Putzen, beim Autofahren. Hier lerne ich viel über Gott.

Trotzdem ist mir sein Wort, die Bibel, wichtig. So, wie ich mich für das Leben anderer interessiere, interessiere ich mich dafür, was Menschen aus der Bibel mit Gott erlebt haben. Die Geschichten zeigen mir, was Gott denkt und wie Er Menschen hilft.

Weil die Bibel für mich Gottes Wahrheit ist, will ich damit meine Gedanken füllen. Du weißt inzwischen, wie wichtig es für mich ist, Gottes Wahrheiten zu kennen. Weil sie mir helfen, wenn mal wieder eine Erinnerung hochkommt oder ich etwas Schlimmes erlebe."

Es gibt auch Zeiten, in denen ich mich seltener zurückziehe zu einer Zeit mit Gott. Aber dann erwacht wieder die Sehnsucht in mir, nach dieser kostbaren Zeit.

Früher war das für mich wie ein „Muss", es gehörte zum Christsein unbedingt dazu. Weil man es als Christ so macht. Wie ein Gesetz, das mich bei Missachtung verurteilte: „Was für ein schlechter Christ du doch bist! Redest davon, dass du Gott liebst, aber nimmst dir keine Zeit für Ihn! Du bist schlecht, ein Heuchler und unzuverlässig!"

Aber das hat sich geändert. Es ist inzwischen eher eine Leidenschaft.

Oft wache ich sogar morgens bevor der Wecker klingelt auf und bin einfach hellwach. Ich freue mich auf mein Zimmer mit einem Platz, an dem ich mich gemütlich hinsetzen kann: die Füße hochlegen, meine Bibel auf dem Schoß und lesen, beten, schreiben. Einfach ich sein und mit Gott Gemeinschaft haben. Das gibt mir Kraft für den Tag und darüber hinaus. Das ist etwas, was ich nicht aus mir selber heraus mache. Es ist die Art und Weise, in der Gott mich anspricht, weil es mir als Frühaufsteher entspricht und ich den Tag gerne ruhig anfange – mit einer Oasenzeit.

Natürlich gibt es auch Tage, an denen ich länger schlafe. Manchmal braucht es mein Körper, dann bleibt eben nur eine kurze oder keine Oasenzeit – ohne schlechtes Gewissen oder Vorwürfe. Oft erlebe ich gerade an solchen Tagen sogar etwas, was mich an die Größe Gottes erinnert oder an eine seiner Zusagen. Dies wiederum führt mich dann zum Danken und Loben – ein anderer Weg, Gottes Nähe zu erleben.

Maraike verstand: „Ach deshalb nennst du dein Zimmer „Oase"! Weil du dort Kraft schöpfst. Du hast eben gesagt, dass du dort auch schreibst. Gibt es da – so rein zufällig – ein Gedicht zu einer Oasenzeit?"

Ich musste schmunzeln, denn es war wirklich so: „Richtig vermutet!"

In der Stille vor Gott lerne ich Ihn mehr und mehr kennen: wer Er ist und wie groß Er ist. Ich erkenne auch immer mehr, wie Gott die ganze Zeit über mir gewacht hat. Wie Er trotz alledem, was ich erfahren habe, mein Herz beschützt hat.

Darüber kann ich nur staunen und bin so dankbar!

Die Veränderung in und an mir blieb auch meinem Mann nicht verborgen. Ein paar Monate, nachdem ich mit Lydia Freundschaft geschlossen hatte, sah Johannes mir eines Tages in die Augen und sagte: „Lydia tut dir gut! Du blühst richtig auf, seit du dich mit ihr triffst!"

Kann es für eine Frau ein schöneres Kompliment geben, als wenn ihr Mann in ihr jemanden sieht, der aufblüht? Welch ein Zeugnis für Gottes Güte und Macht!

Herr, du allein bist es, der mein Herz heilt.
Mein Herz das so zerbrochen.
Du weißt warum es zerbrochen.
Du weißt wer es zerbrochen.
Du weißt wie sehr es zerbrochen ist.

Nur du kannst es heilen.
Weil nur du alles siehst.
Und wär' es zerbrochen in tausend Stücke,
ich würde es dir bringen - dir allein.
Denn nur du siehst und weißt, wie mein Herz einst war.
wie kaputt es nun ist - und wie es soll werden.
 - weißt wie es werden soll

Du allein hast einen vollendeten Plan.
Einen Plan des Heils
für mein Herz- für mein Leben.
Einen Plan hast du, der gut ist - vollkommen gut!
Darum gebe ich dir, Herr, mein Herz,
damit du es wieder herstellst, so wie du es erdacht.
Denn nur dein Plan ist gut, Herr - vollkommen gut!

Er heilt, die zerbrochenen Herzens sind
und verbindet ihre Wunden.
Psalm 147,3

„Oh, wie romantisch! Ende gut, alles gut?", fügte Maraike hinzu. „Oder meinst du, dass sich da noch Dinge anschleichen?"

Ich wollte ehrlich sein und konnte deshalb nur antworten: „Ich weiß es nicht. Aber ich bin guter Zuversicht, dass ich es mit Gott bewältigen kann!"

Ich weiß nicht

Herr, ich weiß nicht, was noch kommt.
Ich weiß nicht, wie weh es tun wird.
Aber eines weiß ich:
Du hältst mich. Du trägst mich.

Ich weiß:
Du fängst mich auf. Du heilst mich.
Ich weiß, ich bin in dir geborgen.
Wende du meinen Blick immer wieder zu dir.

Richte meinen Blick auf dich.
Ich will nichts aus eigener Kraft versuchen.
Ich will mich fallen lassen –

ganz und gar in deine Arme!
Herr, hier bin ich. Handle du!

Sabine Susanne Maier

Kapitel 11

Mehr als nur Wiedergutmachung

„Ich bin froh, dass endlich Wochenende ist! Diese Woche war so viel!", ich sah Maraike die Erleichterung an. Ich überlegte kurz, ob es Sinn machte, sie mal wieder vollzutexten. Aber irgendwie hatte ich das Gefühl, dass es okay sei. Trotzdem fragte ich: „Möchtest du etwas hören? Oder willst du lieber einfach nur laufen und selbst erzählen?"

„Ach, nein, ich habe nichts groß zu erzählen von dieser Woche. Ich höre gerne zu", forderte mich Maraike auf.

„Also gut. Ich habe mal wieder Gedanken zu Papier gebracht. Herausgekommen ist etwas, was ich interessant finde und mich staunen lässt, wie reich mich Gott beschenkt."

In diesem Zusammenhang ist mir eingefallen, dass mich schon als Kind die Geschichte von Josef gefesselt hat.

In der zweiten Klasse habe ich die Josefsgeschichte aus der Bibel gehört; seine Biografie steht im Alten Testament: Als Jugendlicher wird er von seinen Brüdern in die Sklaverei verkauft. Die Menschen, die ihn lieben sollten – gerade die haben ihn verraten und verkauft!

Von seiner Familie getrennt, geht er wirklich durch die Tiefe. Er ist im Ausland, alleine und verlassen, wird übel verleumdet und kommt unschuldig ins Gefängnis.

Durch Offenbarung von Gott kann er aber die Träume des Pharaos deuten und wird zum zweitmächtigsten Mann in Ägypten. Nun begegnen ihm seine Brüder, aber sie erkennen Josef nicht. Sie bitten den Würdenträger um Nahrung, weil eine weltweite Hungersnot herrscht; in Ägypten gibt es noch genug zu essen – weil Gott Josef gezeigt hat, wie er vorsorgen kann. Josef zeigt wahre Größe: Er rächt sich nicht an seinen Brüdern, auch wenn er Grund genug dazu hätte, sondern tut ihnen Gutes. Er vergibt ihnen.

Josef kann zu seinen Brüdern sagen:

> *„Ihr gedachtet mir zwar Böses zu tun; aber Gott gedachte*
> *es gut zu machen, um es so hinauszuführen, wie es jetzt*
> *zutage liegt, um ein zahlreiches Volk am Leben zu erhalten."*
> *1. Mose 50,20*

Am Ende zieht seine ganze Familie nach Ägypten und ist dort sehr gut versorgt.

Herr, ich dachte, es wär' halt so.
Es war halt geschehen.
Im Heute ging es mir gut.
Du hattest mir danach so viel Gutes geschenkt.
Ja, ich hielt es für Wiedergutmachung
für das, was mir widerfahren.
Aber nein, das war es nicht!
Du wolltest mehr!
Es ging mir gut – sehr gut, doch merkte ich:
 Da muss noch mehr sein!
Und dann, ja dann brach alles auf.
Ich zweifelte.
Ich zweifelte an mir –
Ich zweifelte an dir, mein Gott.
Aber dann hast du mir gezeigt,
dass du nicht nur Wiedergutmachung meinst.
Das ist zu wenig für dich.
Du willst Heilung, Wiederherstellung!
Willst Besseres schenken.
Jetzt, aus der Heilung heraus, sehe ich:
Da, wo Menschen es schlecht gedacht,
da hast du Gutes daraus gemacht.
Und neben dem Guten gibst du noch so viel mehr –
gibst deine ganze Fülle dazu!

Sabine Susanne Maier

Für mich besteht hier eine Parallele zu meinem Leben:

Ich habe Schlimmes erlebt. Ich hätte Grund gehabt, wütend und verbittert zu sein. Heute weiß ich: Auch wenn vieles in meinem Leben bitter war – Gott hat doch etwas Wunderbares damit im Sinn! Gott wollte nicht, dass geschieht, was mir widerfahren ist; es waren Menschen, die beschlossen, mit mir so umzugehen. Aber Gott hat immer darüber gewacht und sorgt dafür, dass ich als Sieger daraus hervorgehe.

Ich konnte vergeben. Das hat mir den Blick frei gemacht für all das Gute, was Gott mir schenkt. Ich kann wieder lachen und danken!

Dafür bin ich Gott und all den Menschen, die mich begleiten, so sehr dankbar. Wie sehr, kann ich ehrlich gesagt nicht in Worte fassen!

So manches Mal gerate ich in Gespräche, in denen Menschen von ihrem Leid erzählen. Weil ich inzwischen darüber reden kann, wie ich mich damals selber gefühlt habe, findet sich mein Gegenüber oft darin wieder – auch wenn ihr Leid anderer Art war. Das schafft Vertrauen in dem Leidenden und dieses Fünkchen Hoffnung, das ich damals hatte, als Lydia sagte: „Als Kind ging es mir auch nicht so gut."

Wenn ich erlebe, dass sie einen Schritt näher zu Gott wagen, lohnt es sich für mich, meine Geschichte zu teilen. Ich weiß, dass meine Zuhörer selber Verständnis und Annahme, auch Heilung erleben können, direkt oder indirekt angestoßen durch meine Geschichte, die Gott so wunderbar verändert hat. Ich will Mut machen, unseren wunderbaren Gott zu erleben, eine Freundschaft mit Ihm anzufangen.

Für mich ist der Prozess der inneren Heilung wichtig, bietet er mir doch die Möglichkeit, meinen Glauben praktisch anzuwenden; das heißt auch, dass das, was ich sage, Wahrheit wird. Denn, wie schnell ist es dahergesagt: „Der Herr hilft in der Not!" Aber wenn ich in der Not Seine Hilfe erlebe, gewinnt dieser Satz erst so recht an Bedeutung!

„Hm, ich merke auch hier mal wieder, dass Glauben mehr ist", verabschiedete sich eine nachdenkliche Maraike.

Kapitel 12

Immer tiefer, immer weiter

„Maraike, hast du Lust, rüberzukommen? Ich habe mal wieder Papier und Stift genutzt und kann dir ein paar Gedanken weitergeben. Das Wetter ist heute sowieso nicht so gut, da setzen wir uns gemütlich bei einer Tasse Tee in meine Oase."

„Ja, warum nicht? Ich habe heute Nachmittag sowieso nichts mehr zu tun. Dann bis gleich!", Maraike legte auf.

Später, als wir unseren Tee und die Zeit miteinander genossen, las ich Maraike meine Zeilen vor (siehe nächste Seite).

„Das klingt richtig befreit! Wie schön: fliegen! Aber erzähle mir, wie das Gedicht entstanden ist", bat mich meine Freundin.

Ich selber war gerade sehr gut gelaunt und hatte Lust, ein bisschen lyrisch zu reden und ihr das Bild auszumalen, was ich erlebt hatte, bevor ich das Gedicht geschrieben hatte:

> *„Ein Spaziergang.*
> *Vom Berg herab kann ich das Tal überblicken.*
> *Ein langgezogenes Tal. Eine Stadt ist im Tale zu sehen.*
> *Vögel über der Stadt. Ein warmer, sonniger Tag.*
> *Es weht ein leichter Wind.*
> *Die Vögel können segeln, schlagen nur selten mit den Flügeln,*
> *lassen sich vom Aufwind treiben. Es sieht so locker aus, so leicht.*
> *Ich bin entzückt.*
> *Stundenlang könnte ich mich an ihnen erfreuen ....*
> *Okay, genug geschwollen geredet!"*

Siehst du die Vögel,
wie sie segeln im Wind?

Siehst du die Vögel,
wie sie mühelos dahingleiten?
Unbeschwert und frei –
einfach getragen vom Wind!

Siehst du die Vögel?
Sie fragen nicht, wie es geht.
Sie lassen sich einfach tragen,
tragen vom Wind!

Wie ein Vogel im Wind
will ich mich tragen lassen
von Gottes Liebe!

Mich einfach fallen lassen
nicht grübeln,
wie das gehen mag.
Nicht fragen,
ob ich es verdient.

Gott sagt sie mir zu,
diese Liebe, die mich trägt –
wie einen Vogel im Wind.

Sabine Susanne Maier
Grafik: Rebekka Häfele

Ich habe nicht den Drang, mal Drachen zu fliegen oder Ähnliches. Und doch gingen mir Fragen durch den Kopf:

Wie wäre es wohl, mich als Vogel so gleiten zu lassen? Einfach segeln, auf dem Wind reiten: Wissen, wie ich die Winde nutzen muss – einfach so!

Dazu ist Vertrauen nötig. Ein Vertrauen, das sich ganz und gar auf die Winde verlässt. Segeln im Vertrauen darauf, dass mein Instinkt die Aufwinde erkennt, und im Wissen, dass der Wind mich trägt – wie wäre das? Vertrauen, ohne sich wissenschaftliche Gedanken zu machen über Auftrieb, Statik, Aerodynamik usw.!

Ebenso möchte ich mich auf Gott und seine Liebe verlassen. Mich voll und ganz auf ihn verlassen mit all meinem Sein, meinem Denken, mit allem, was mich ausmacht! Ohne irgendwelche Zweifel, die mir einreden wollen: „Und wenn doch nicht …?"

Einfach nur darauf vertrauen, dass Gott über all dem steht, was mich gerade bedrängt, dies ganz tief in mir als Wissen tragen!

Das zu können tut so gut. Es entspannt einfach, das Wissen: Gott ist da!

Dort hin zu kommen ist ein Prozess. Es ist ein Wachstum. Am Anfang meines Weges war es noch ganz vage, dieses Abgeben im Vertrauen darauf, dass Gott es gut macht.

Aber je mehr ich durch diese kleinen Schritte erlebt habe, wie Gott aus all dem, was für mich schlecht war und mich verletzt hat, etwas Gutes gemacht und mich geheilt hat, umso sicherer wurde ich darin, Gott zu vertrauen. Umso schneller wendete ich meinen Blick ab von den Problemen und Sorgen, die mir begegneten, und ließ ihn zu Gott wandern.

Und ich habe gelernt, meiner Seele und meinem Verstand zu erlauben, dieses Gute, dieses Heilwerden anzunehmen.

„Aber wenn du von Wachstum redest, denke ich an Pflanzen. Wer weiß, vielleicht kannst du etwas über eine Blume schreiben? Das würde sicher viele ansprechen!", gab Maraike mir als Tipp.

Tatsächlich, es befindet sich inzwischen ein Gedicht über das Wachstum von einer Pflanze in meinem Repertoire:

Ein Same,
in die Erde gesteckt.
Gehegt und gepflegt,
wird er aufgehen, wird er wachsen.
Wachsen und erstarken
zu einer schönen Pflanze.

Ein Same,
in die Erde gesteckt.

Er erwacht und wächst.
Schaut aus der Erde heraus,
streckt sich dem Licht entgegen.

Nun darf kein Vogel kommen und ihn ausreißen.
Nun darf kein Fuß kommen und ihn zertreten.
Nein, er soll wachsen!

Er braucht Zeit – viel Zeit –,
sich zu entfalten!
Er muss gegossen werden, braucht Licht.

Herr, du schenkst das Wachstum!
Lass mich geduldig sein,
geduldig hörend, was du sagst!

Nicht eigene, schnelle Wege gehen.
Schenke mir Geduld
und Weisheit von dir,
den Samen wachsen zu lassen.

Er soll wachsen
zu einer dir wohlgefälligen Pflanze,
die Frucht bringt.
Frucht bringt für dich!

Sabine Susanne Maier
Grafik: Susanne Eschbach

Dass ich erlebe, wie Gott eingreift und heilt, prägt mein Denken und Wissen. Inzwischen geht es immer leichter und schneller, Gott als den Sieger anzusehen und Ihm dafür zu danken, dass Er da ist – zu erkennen, dass Er mich unterstützt mit guten Gedanken, mit günstigen Umständen oder was auch immer Gott einfällt, damit eine Erinnerung geheilt wird oder ich eine Situation lösen kann.

So sind Probleme keine unüberwindlichen Berge mehr, sondern vielmehr eine Möglichkeit, Gott zu erleben und daran zu wachsen.

Hier hat mich ein Bild sehr geprägt, das Gott mir durch eine Freundin gegeben hat: Gott steht auf einem Berg und sagt: „Ich sehe alles vom Berg aus." Dabei ist mir bewusst geworden, wie klein dagegen meine Probleme sind. Denn auch für ‚Probleme' bekam ich ein Bild: einen Maulwurfshügel.

Wenn ich vom Berg ins Tal schaue, kann ich einen Maulwurfshügel schlicht nicht sehen, er ist viel zu klein!

Mit diesem Vertrauen wächst auch der Friede, den Gott mir ins Herz gibt – der wiederum gibt mir Mut, die nächste Lüge anzugehen: Ich bin neugierig, was Gott dieses Mal tut!

Mit David kann ich rühmen:

> *Ja, du zündest meine Leuchte an; der Herr, mein Gott, macht*
> *meine Finsternis licht; denn mit dir kann ich gegen Kriegsvolk*
> *anrennen, und mit meinem Gott über die Mauer springen. Die-*
> *ser Gott – sein Weg ist vollkommen! Das Wort des Herrn ist ge-*
> *läutert; er ist ein Schild allen, die ihm vertrauen.*
> *Denn wer ist Gott außer dem Herrn, und wer ist ein Fels außer*
> *unserem Gott? Gott ist es, der mich umgürtet mit Kraft und mei-*
> *nen Weg unsträflich macht. Er macht meine Füße denen der*
> *Hirsche gleich und stellt mich auf meine Höhen; er lehrt meine*
> *Hände kämpfen und meine Arme den ehernen Bogen spannen.*
> *Du gibst mir den Schild deines Heils, und deine Rechte stützt*
> *mich, und deine Herablassung macht mich groß. Du machst mir*
> *Raum zum Gehen, und meine Knöchel wanken nicht.*
> *Psalm 18,29–37*

Diese Verse zeigen mir, dass es in Ordnung ist, wenn ich mich schutzbedürftig fühle. Ich darf schwach sein und Schutz suchen. Diesen Schutz
finde ich bei Gott.

Aber Er lässt es nicht dabei bewenden. Er rüstet mich dazu aus, voran-
und weiterzugehen. Gott macht mich stark, Er macht mich mutig, Neues
anzugehen. Gott lehrt mich kämpfen, Seine Wahrheiten sind meine
Waffe.

Bei all dem darf ich mir zugestehen, auch mal zu versagen, weil ich Gott
nicht sofort erkannt habe. Es ist ein Wachstumsprozess!

Ich weiß, ich bin noch nicht angekommen. Es gibt noch einiges zu entdecken. Aber mir ist eines wichtig: Gottes Frieden festhalten.

Lieber Leser,

inzwischen sind einige Jahre vergangen.

Ich bin so froh, dass ich SOZO kennenlernen durfte!

Freundschaft

Ein Freund ist geboren für die Not,
so heißt es.
Klingt das nicht schön?
Aber was bedeutet das?
Was brauche ich in der Not,
wenn ich nicht weiter weiß?

Ich brauche jemanden, der mir zuhört.
Der schweigt, wenn ich mein Herz ausschütte.
Der mich nicht verurteilt, wenn ich Fehler mache.
Der mir beisteht, wenn ich Kummer habe.
Der mir Mut macht, wenn ich zögere.
Der mir vergibt, wenn ich ihn verletzt habe.
Der für mich betet, wenn ich Gott nicht sehe,
und mit mir betet, mich in Gottes Nähe bringt.

Ein Freund achtet mich auch, wenn ich irre.
Er hilft mir wieder auf den rechten Weg.
Ein Freund sieht mich mit Gottes Augen.

Ein Freund zeigt mir, wie Gott ist,
bringt mich näher hin zu Dir, mein Gott.

Herr, danke für jeden Freund,
den Du mir gibst!
Herr, danke, dass ich für andere
auch so ein Freund sein darf.
Lass mich jemand sein,
der anderen zeigt, wie Du bist, Herr.

Sabine Susanne Maier

Kapitel 13

Freundschaft, die trägt

„Und, was gibt es Neues bei dir?", Mareike und ich waren, wie sollte es auch anders sein, mit den Hunden unterwegs.

„Bevor ich dir erzähle, will ich dir eine Frage stellen: Kennst du das Gefühl, einfach mal weg sein zu wollen. Nein, ich meine nicht, um in den Urlaub zu fahren. Ich rede von dem Gefühl, dass du nichts sehen, nichts hören und mit niemandem reden möchtest. Einfach nur irgendwo, wo dich niemand erreichen kann", wollte ich wissen.

Meine Freundin antwortete: „Meinst du diese Momente, in denen alles zu viel wird. All die Anforderungen der anderen. Dann, wenn du ausschließlich den eigenen Gedanken nachgehen willst? Niemand darf einen dann ansprechen?"

„Ja, genau das. Auch wenn es guttun würde, mit jemandem zu reden, so will ich dann doch alleine sein und mir selber leidtun. Ich weiß ja nicht, ob der andere mich versteht. Aber ich habe da etwas erlebt, was mir zeigt, wie wichtig in solchen Momenten Freunde sind."

Irgendwann, als Lydia und ich uns unterhielten, suchte ich ein „Mauseloch", in das ich mich verkriechen könnte.

Ich merkte, dass ich in mir eine Scham spürte, weil ich mit Mama kein Mutter-Tochter-Verhältnis hatte wie viele andere um mich herum. Ich schämte mich, dass ich mit Lebensfragen nie zu Mama gehe. Ich schämte mich für diese Blockade. Hierzu hatte ich ein sehr eindrückliches Erlebnis:

Ich war mit ein paar Freundinnen in einer anderen Kirchengemeinde. Vorne betete jemand laut für eine Frau und sagte dann: „Ich glaube, es tut gut, wenn wir alle für kaputte Beziehungen beten, dass sie wieder heil werden." Ja, das tat gut – aber ganz plötzlich kam der Schmerz heftig in mir hoch, der Schmerz darüber, dass die Beziehung zwischen Mama und mir nicht so ist, wie ich es mir wünschte.

Ich konnte nur noch bitterlich weinen, konnte nicht aufhören, und in meinem Oberkörper spürte ich einen heftig stechenden Schmerz. Ich hielt es nicht mehr aus, ich wollte nur noch weg – am liebten in ein Mauseloch verkriechen, alleine sein und weinen, weinen, weinen! Keinen anderen Menschen weit und breit!

Ich rannte aus dem Raum. Da, eine Treppe ins Untergeschoss – die runtergerannt – Hauptsache weit weg von den anderen – und da hinten die Nische – ja, die kam mir gelegen, hier konnte ich mich verstecken, den Tränen freien Lauf lassen! Dass ich weinte, das ging keinen etwas an.

Wirklich nicht? – Wie gut, dass ich damit doch nicht allein fertigwerden musste!

Meine gute Betty suchte mich: „Wo bist du?", rief sie in den Gang und machte Augen und Ohren auf. So fand sie mich in dieser Nische, in die ich mich verkrochen hatte, auf dem Boden kauernd und schluchzend, mit triefender Nase und Taschentüchern neben mir.

Irgendwie war mir klar, dass ich wegen der Beziehung zwischen Mama und mir weinte, aber das war auch schon alles. Gott schickte noch Kathrin dazu und die beiden führten mich in Gottes Gegenwart, machten ein kurzes, aber intensives SOZO-Gebet mit mir.

Gott zeigte mir: „Schau her, der Schmerz ist da, weil deine Mama nicht die Mutter sein konnte, die du brauchtest, nicht die Mutter, die du dir gewünscht hast, der Schutz und der Beistand, nach dem du dich gesehnt hast – das tut dir weh."

Mein Verstand hatte gleich eine Antwort parat: „Ja, aber Mama konnte all das doch gar nicht leisten. Das weiß ich doch! Sie hatte keine schöne Kindheit und Jugend, ist selber so sehr verletzt worden!"

Meine Seele hingegen beklagte sich: „Es tut aber trotzdem so sehr weh. Ganz tief in mir ist dieser grausame Schmerz – und das weißt du auch!" Ja, wenn ich ehrlich war, konnte ich nur bestätigen: Der Schmerz war größer als jede Erklärung! So weit war ich nun, dass ich erkennen konnte: Meine Sehnsucht war nicht gestillt, ich vermisste Schutz und Beistand. Ich fühlte mich allein.

Doch ich war nicht wirklich allein: Ich spürte zwar den Schmerz der Einsamkeit, aber doch wusste und spürte ich, dass ich nicht allein war. Richtig, da waren noch zwei Leute bei mir und begleiteten mich durch den Prozess. Aber ich spürte auch noch Gott – Sine Nähe. Gott, der mich fragte: „Kannst du deiner Mama vergeben, dass sie dir nicht die Mutter sein konnte, die du dir ersehnt hast?"

Das war nicht einfach; da war dieses Loch in meinem Herzen, diese Einsamkeit, die den Schmerz verursachte. Aber doch wusste ich, dass es mir nur guttun würde, wenn ich vergab. Ich haderte, entschloss mich aber dann doch dazu, diese Vergebung auszusprechen – als ob Mama vor mir stehen würde: „Mama, ich vergebe dir, dass du mir nicht die Mutter warst, die ich brauchte. Ich vergebe dir, dass du mich nicht getröstet hast und mir beigestanden hast. Ich vergebe dir, dass du Einsamkeit in mein Leben gebracht hast. – Gott, ich gebe Dir den Schmerz, der da in mir ist, und lasse ihn los!"

Jetzt konnte ich den emotionalen Schmerz loslassen. Sogleich hörte der Schmerz in meiner Brust auf und es wurde warm – warm ums Herz. Ich spürte Trost von Gott und wusste: Er ist bei mir. Er hält mich und ist mir Ratgeber, wenn ich es brauche. Ich spürte den Frieden Gottes in mir.

Seitdem bin ich zwar immer noch traurig, dass ich keine solche Mutter-Tochter-Beziehung erleben konnte wie viele um mich herum; aber der Schmerz darüber ist weg. Ich weiß, wo mir Trost und Beistand herkommt: von Gott!

Dieses Erlebnis ist mir so wertvoll, weil ich neben der Heilung der Beziehung wieder einmal den Wert von Freundschaft gespürt habe.

Danke Betty, dass du mich aufgesucht hast!

Es ist so wunderbar, dass ich Ratgeber an meiner Seite habe: Gott sorgt dafür, dass ich Freundinnen um Rat bitten kann. Ich weiß, dass ich nicht allein bin. Ich weiß, dass ich mich mit meinen Fragen an sie wenden darf. Sie zeigen mir oder helfen mir herauszufinden, wie ich mit diesem und jenem fertigwerden kann. Ich weiß, dass sie mir ehrlich sagen, wenn ich falsch liege, und mich dort unterstützen, wo ich wachsen kann. Wir können miteinander beten; das ist ein wichtiger Baustein dieser Freundschaften. Dafür bin ich Gott sehr dankbar!

„Und weißt du was, Maraike: Ich schätze auch unsere Freundschaft so sehr. Denn du bist jemand, der einfach zuhört. Du gibst keine Ratschläge, was besser zu machen ist. Du redest nichts schön! Du bist einfach da und hörst zu, hilfst mir, das in Worte zu fassen und besser zu begreifen, was ich in den letzten Jahren erlebt habe. Ich danke dir dafür. Du bist eine echte Freundin!"

Das war für Maraike nicht so leicht auszuhalten. Aber es ist die Wahrheit und darum musste ich sie ihr auch mal sagen.

Ich bin überreich beschenkt! Ganz wie Gott es durch Jeremia damals für Israel verheißen hat:

> *Siehe, ich verschaffe ihr Linderung und Heilung,*
> *und ich will sie heilen und ihnen*
> *eine Fülle von Frieden und Treue offenbaren.*
> *Jeremia 33,6*

Mir brannte noch etwas auf dem Herzen, es Maraike zu erzählen: „Maraike, ich habe mal wieder in einem Punkt Freiheit erlebt, über die ich nur staunen kann:

Ich hatte absolut Angst, wenn ich über Gitter laufen musste. Soweit es ging, habe ich sie gemieden. Runterschauen ging überhaupt nicht, ich konnte nur mit zittrigen Knien über Gitter laufen, die nach unten offen waren – egal, ob das Gitter 3 m oder 50 cm über dem Boden war. Wenn ich wusste, dass es auf mich zukam, machte ich mir schon im Voraus darüber Gedanken und hatte Angst – ja, sogar Panik!

Aber seit ich den Schmerz über die kaputte Beziehung zu Mama abgegeben hatte, kann ich über solche Gitter laufen. Sogar Aussichtstürme kann ich erklimmen und es voll und ganz genießen! Kein Anflug von Angst, selbst nach unten schauen ist möglich!"

„Wow, das ist eine riesige Erleichterung!", freute sich Maraike mit mir.

Eines ist vor einiger Zeit auch geschehen:

Mama und ich haben uns miteinander versöhnt.

Es war kein langes Gespräch. Es war auch ganz anders, als ich es mir ausgemalt hatte. Aber es kam von unseren beiden Seiten aus dem Herzen. Es war Herz-zu-Herz-Moment, der mehr sagt als 1000 Worte!

Gott hatte mir eine ganze Weile immer wieder den Gedanken gegeben: „Rede mal mit Mama und bitte sie um Vergebung für die Dinge, in denen du dich schlecht verhalten hast und schlecht über sie gedacht hast. Sage ihr aber auch, dass du ihr vergibst."

Ich habe diese Gedanken eine ganze Weile vor mir hergeschoben – hatte immer wieder Ausflüchte.

„Ja, ich weiß noch, dass du immer wieder davon geredet hast, dass du darüber nachdenkst, mal mit deiner Mama zu sprechen. Es schien dir ein bisschen schwerzufallen", bemerkte Maraike richtig.

Um diesen Schritt zu gehen, war mir klar, dass ich selber um Vergebung bitten sollte.

Wenn meine Eltern sich gestritten hatten, habe ich mir als Kind manches Mal gewünscht, dass Mama und Papa sich scheiden lassen, dass Mama auszieht. Ja, sogar an Unfälle habe ich gedacht, die Mama aus meinem Leben gebracht hätten.

Ich weiß, dass meine Gedanken damals nicht richtig waren. Hier habe ich Gott um Vergebung gebeten."

Nun meldete sich Maraike heftig zu Wort: „Ja, aber das ist doch berechtigt, dass ein Kind so denkt! Warum dann um Vergebung bitten?"

„Ja, wer ungerecht behandelt wird, der ist verletzt und hat solche Gedanken. Es ist absolut nachvollziehbar, wenn dann jemand dem anderen Schlechtes wünscht. Aber trotzdem handelt er nicht in Gottes Sinn und braucht Vergebung. Denn, wenn ich solchen Gedanken Raum in mir gebe, dann kann dies ganz schnell zu Bitterkeit und Wut führen. Ich errichte dadurch sozusagen eine Wand zwischen dem anderen Menschen und mir. Ich sehe immer mehr nur das Schlechte. Diese Wand zerstört Beziehungen."

Fragend schaute meine Freundin mich an: „Heißt das, dass ich unbedingt mit dem anderen „gut Freund" werden muss? Auch wenn er mich zutiefst verletzt hat? Meinst du das damit, wenn du selber auch Vergebung erbittest für die berechtigten Gedanken?"

Wir waren nun in einem interessanten Gespräch. Ich musste ein bisschen überlegen, bevor ich antwortete: „Nein, ich will damit nicht sagen, dass man mit dem anderen „gut Freund" sein muss oder sogar mit dem, was er getan hat, übereinstimmen. Ich muss nicht einmal Kontakt mit ihm aufnehmen oder eine Bekanntschaft beginnen. Es geht eher darum, dass ich Dinge loslassen kann, die meine Gedanken gefangen nehmen wollen und mich daran hindern, frei und in Gottes Bestimmung zu leben."

Inzwischen waren wir schon fast am Ende unserer Hunderunde, meine Freundin sah sehr nachdenklich aus und hatte eine Weile nichts mehr gesagt.

„Hm, darüber muss ich jetzt erstmal nachdenken. Dazu brauche ich etwas Zeit", verabschiedete sich Maraike.

So ist die Vergebung inzwischen nicht nur vor Gott geschehen, sondern „von Angesicht zu Angesicht". Das ist etwas Wunderbares!

Noch etwas Wunderbares passiert: Es wächst eine neue Herzlichkeit zwischen Mama und mir seit der ausgesprochenen Vergebung!

Diese Herzlichkeit spüren meine Kinder seither auch. Ich finde es so schön zu sehen, wie Vergebung Auswirkung auf ein weites Umfeld hat. Auch wenn wir uns nicht häufig sehen und es keine Beziehung ist, wie ich sie mir erträumt hatte. Aber ich kann mich inzwischen darauf freuen, meine Mama zu sehen.

 Danke

Mein erster Dank gehört Gott, dem ich wichtig genug bin, dass Er sich eine Beziehung zu mir wünscht und mir Seine Freundschaft anbietet!

Danke Lydia, dass du mich auf den Weg der Heilung geführt und begleitet hast. Dass du so ehrlich von dir erzählt und mir zugehört hast. Aus einer Mentor-Mentee-Beziehung ist eine tragende Freundschaft entstanden!

Johannes und meinen Kindern, vielen Dank für eure Unterstützung beim Schreiben.

Maraike, danke für deine herzliche Anteilnahme und dein Ohr bei den vielen Hunderunden. Du bist mir eine sehr, sehr wertvolle Freundin geworden. Du bist auch im Alltag da, wenn du gebraucht wirst.

Vielen Dank allen weiteren Freunden, die mich auf dem Weg begleitet und mir zugehört haben! Vielen Dank für jeden Impuls, jede Frage, die mich weitergebracht hat!

Ganz herzlichen Dank auch jedem einzelnen Künstler, der Gedichte bebildert hat!

Danke jedem einzelnen Testleser!

Vielen Dank an die Genfer Bibelgesellschaft für die Genehmigung, Bibelstellen nach der Übersetzung von Schlachter (Ausgabe 2000) zitieren zu dürfen.

Ich danke dir, lieber Leser, dass du das Buch gelesen hast und wünsche dir, dass du neugierig geworden bist, dich auf das Abenteuer mit Gott einzulassen. Ich segne dich, dass du Gott auf die Art und Weise begegnest, wie es dir entspricht und Heilung an deiner Seele erfährst.

Ich bin so froh und dankbar, dass es Menschen gab, die den Mut hatten, sich für den Aufbau eines Sozo-Dienstes in Deutschland einzusetzen und sich in diesen Dienst einzubringen. Ihr seid so wertvoll! Ganz herzlichen Dank und Gottes Segen für euer weiteres Leben und Erleben!

Anhang

Bethel Sozo

Was ist ein Bethel Sozo? Wie läuft es ab?

Bei einem Sozo-Treffen nehmen sich zwei Mitarbeiter eines Sozo-Teams und ein Sozo-Empfänger gemeinsam Zeit, Gott zu begegnen. Der Hilfesuchende wird angeleitet, selbst Fragen an Gott zu stellen. Gott antwortet direkt; Ziel ist eine engere Gottesbeziehung. Dabei deckt Gott auf, was einen daran hindert, diese engere Beziehung zu entdecken und in ihr zu leben.

Das können Lügen sein, die man im Laufe seines Lebens angefangen hat zu glauben, meist als Reaktion auf ungute Erlebnisse; Lügen über einen selber, über das Leben oder sogar über Gott. Auch Schutzmechanismen gehören dazu, die man sich angeeignet hat, um sich vor Verletzungen durch Menschen zu schützen.

Im Sozo-Gebet deckt Gott auf, wann ich mit all dem angefangen habe, Er offenbart Situationen, zeigt Bilder, ruft Sprichworte in Erinnerung und vieles mehr.

Um von den falschen Denk- und Verhaltensweisen frei zu werden, braucht es meine aktive Vergebung – das heißt: Ich vergebe denen, die mir Unrecht getan und mich verletzt haben, und zwar ausdrücklich und detailliert. Und ich vergebe mir selbst – ich höre auf mit der Selbstanklage, dass ich falsch reagiert und gute Miene zum bösen Spiel gemacht habe oder dass ich mich rächen wollte und damit alles nur noch verschlimmerte. Alle meine Lügen und Festlegungen lasse ich los, ich gebe sie ab und tausche sie gegen Gottes Wahrheit aus.

Viele weitere Informationen zu Bethel Sozo, Angebote zu Veranstaltungen und Schulungen, Zugang zu einem persönlichen Sozo finden sich auch online unter www.bethelsozo.de und www.bethelsozo.com.

Verzeichnis der Gedichte und Bilder

... mit Bildern und Grafiken folgender Künstler

Eigene Notizen